POLYGLOTT

POLEN

ON TOUR

W0064928

DIE AUTORIN

RENATE NÖLDEKE

zieht es immer wieder nach Polen. Das Land
mit der bewegten Geschichte bleibt spannend. Es gibt bei
jedem Aufenthalt etwas Neues zu entdecken und bei Freunden
stets Bett und Teller. Deutschlands östliche Nachbarn bieten
außer ihrer herzlichen Gastfreundschaft eine hervorragende
touristische Infrastruktur. Die Kunsthistorikerin schrieb
für POLYGLOTT on tour auch den Reiseführer
Polnische Ostseeküste.

Unser E-Book-Code zur elektronischen Erweiterung des
POLYGLOTT on tour. Das kostenlose E-Book enthält die im
Reiseführer aufgeführten Adressen entlang der Touren,
beispielsweise zu Essen und Trinken, Shoppen, Aktivitäten
und Hotel-Tipps. Links auf einen externen Kartendienst
vereinfachen das Auffinden dieser Adressen.

SEITENBLICK

27 Polen persönlich
30 Bootssport & -touren
68 Kur & Wellness
94 Warschauer Aufstände

ERSTKLASSIG

33 Schlosshotels mit Flair
47 Die besten Restaurants
64 Gratis entdecken
80 Die schönsten Märkte
83 Freilichtmuseen
144 Kleinpolens Nationalparks

ALLGEMEINE KARTEN

4   Übersichtskarte der Kapitel
36 Die Lage Polens

REGIONEN-KARTEN

52 Ostseeküste
76 Ermland und Masuren
90 Polens Mitte
116 Schlesien
117 Riesengebirge
131 Kleinpolen

STADTPLÄNE

59 Danzig
73 Stettin
97 Warschau
107 Posen
119 Breslau
135 Krakau

6 TYPISCH

8   Polen ist eine Reise wert!
11 Was steckt dahinter?
12 50 Dinge, die Sie ...
159 Meine Entdeckungen
160 Checkliste Polen

20 REISEPLANUNG & ADRESSEN

22 Die Reiseregion im Überblick
24 Klima & Reisezeit
25 Anreise
26 Reisen im Land
28 Sport & Aktivitäten
32 Unterkunft
151 Infos von A–Z
154 Register & Impressum

34 LAND & LEUTE

36 Steckbrief
38 Geschichte im Überblick
40 Natur & Umwelt
41 Die Menschen
42 Kunst & Kultur
44 Feste & Veranstaltungen
46 Essen & Trinken
158 Mini-Dolmetscher

SYMBOLE ALLGEMEIN

Erstklassig: Besondere Tipps der Autoren

Seitenblick: Spannende Anekdoten zum Reiseziel

Top-Highlights und Highlights der Destination

50 DIE OSTSEEKÜSTE
52 Tour **1** Entlang der Ostseestrände
54 Tour **2** Radtour durch Kaschubien
55 Tour **3** Wanderung im Słowiński-Nationalpark
56 Unterwegs an der Ostseeküste

75 ERMLAND UND MASUREN
77 Tour **4** Polens Nordosten
78 Tour **5** Radtour um die masurischen Seen
79 Unterwegs in Ermland und Masuren

87 WARSCHAU & POLENS MITTE
89 Tour **6** Zu den frühen romanischen Kirchen
90 Tour **7** Auf den Spuren des Deutschen Ordens
92 Unterwegs in Warschau
104 Unterwegs in Polens Mitte

114 SCHLESIEN
115 Tour **8** Zu den Prachtbauten der Habsburger
117 Tour **9** Wandern im Riesengebirge
118 Unterwegs in Schlesien

126 KRAKAU & KLEINPOLEN
128 Tour **10** Zum UNESCO-Weltkulturerbe in den Karpaten
129 Tour **11** Schlössertour durch Kleinpolen
130 Tour **12** Bergwandern in der Hohen Tatra
132 Unterwegs in Krakau
140 Unterwegs in Kleinpolen

147 EXTRA-TOUREN
148 Tour **13** Von der Oder ostwärts in einer Woche
149 Tour **14** Entlang der Weichsel in einer Woche
150 Tour **15** Quer durchs Land in 14 Tagen

TOUR-SYMBOLE		PREIS-SYMBOLE	
		Hotel DZ	Restaurant
1 Die POLYGLOTT-Touren			
6 Stationen einer Tour	€	bis 30 EUR	bis 10 EUR
📖 A1 Die Koordinate verweist auf	€€	30 bis 60 EUR	10 bis 15 EUR
die Platzierung in der Faltkarte	€€€	über 60 EUR	über 15 EUR
📖 a1 Platzierung Rückseite Faltkarte			

ZEICHENERKLÄRUNG DER KARTEN

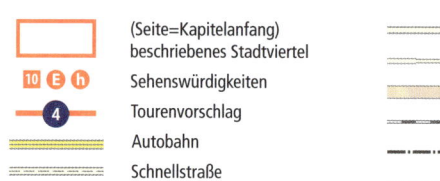

- (Seite=Kapitelanfang) beschriebenes Stadtviertel
- **10 E h** Sehenswürdigkeiten
- **4** Tourenvorschlag
- Autobahn
- Schnellstraße

- Hauptstraße
- sonstige Straßen
- Fußgängerzone
- Eisenbahn
- Staatsgrenze
- Landesgrenze
- Nationalparkgrenze

DÄNEMARK

Lolland

Fehmarn

Kiel

Lübeck

Hamburg

Lüneburg

Rügen

Stralsund

Rostock

Güstrow

Schwerin

Neubrandenburg

OSTSEE

Bornholm (dän.)

START 3 **3**

Łeba

Wejherowo

Lębork (Lauenburg)

START 2

Słupsk (Stolp)

Koszalin (Köslin)

START 1

Kołobrzeg

Świnoujście

START 13

Szczecin (Stettin)

Stargard Szcz.

Piła

Szczecinek

Chojnice

Bydgoszcz (Bromberg)

Ostseeküste S. 50

Wolfsburg

Braunschweig

Magdeburg

Potsdam

Berlin

Frankfurt (Oder)

Gorzów Wielkopolski

Noteć (Netze)

Warta

A2

Gniezno (Gnesen)

Poznań (Posen)

START 6

START 15

Dessau

Halle

Leipzig

Cottbus

Zielona Góra (Grünberg)

Leszno

Warschau und Polens Mitte S. 87

START 8

DEUTSCHLAND

Erfurt

Jena

Gera

Chemnitz

Dresden

Görlitz

Legnica (Liegnitz)

Jelenia Góra

Wrocław (Breslau)

A4 A8

8

START

Świdnica

Wałbrzych (Waldenburg)

START 9

9

Riesengebirge

Liberec (Reichenberg)

Teplice

Hradec Králové (Königgrätz)

Pardubice

Sumperk

Schlesien S. 114

Schweinfurt

Hof

Karlovy Vary

Plzeň (Pilsen)

Praha (Prag)

Weiden

TSCHECHISCHE REP.

TOP-12-HIGHLIGHTS

1 RECHTSTADT IN DANZIG > S. 56

2 DIE MARIENBURG > S. 63

3 LONZKER DÜNE, SŁOWINSKI P. N. > S. 66

4 OBERLÄNDER KANAL > S. 79

5 WALLFAHRTSORT HEILIGELINDE > S. 84

6 ŁAZIENKI-PARK IN WARSCHAU > S. 100

7 ALTSTADT IN THORN > S. 112

8 DOMINSEL IN BRESLAU > S. 120

9 SCHNEEKOPPE > S. 125

10 WAWEL IN KRAKAU > S. 134

11 SCHWARZE MADONNA IN TSCHENSTOCHAU > S. 140

12 NATIONALPARK TATRA > S. 141

Kneipe in Kazimierz, dem
lebendigen Viertel Krakaus

TYPISCH

POLEN IST EINE REISE WERT!

Das weite Land zwischen Ostsee und Tatra hat für Touristen viel zu bieten: boomende Großstädte und charmante Dörfer, einsame, fast vergessene Landstriche und hübsch restaurierte Orte. Dazu eine wald- und wasserreiche Natur.

RENATE NÖLDEKE
zieht es immer wieder nach Polen. Das Land mit der bewegten Geschichte bleibt spannend. Es gibt bei jedem Aufenthalt etwas Neues zu entdecken, und bei Freunden stets Bett und Teller. Deutschlands östliche Nachbarn bieten außer ihrer herzlichen Gastfreundschaft eine hervorragende touristische Infrastruktur.

Dzień dobry! Zugegeben – die polnische Sprache macht es einem nicht leicht. Umso einfacher machen es einem die Polen: Offen und weltgewandt helfen sie auf Englisch oder Deutsch weiter. Und als Frau genieße ich die Komplimente der vornehmen älteren Gentlemen, die den Handkuss hoffentlich noch lange in Ehren halten. Denn so ein Hauch von nichts auf dem Handrücken hilft über sämtliche Sprachbarrieren hinweg. Ansonsten tut es natürlich auch eine herzliche Umarmung mit Wangenküsschen. Willkommen! *Zapraszam!*

Bei meiner Faszination für Polen schwingen wunderbare Kindheitserinnerungen mit: Paddeltouren, lustige Wasserschlachten, Stockbrot über dem Lagerfeuer und nächtliche Matratzenlager. Damals dachte ich nicht an Komforthotels, Gourmetrestaurants oder Shoppingmeilen. Solche Wünsche kamen später – und erfüllten sich in Polen nach seiner Öffnung zum Westen.

Aber begeistert erzählen ist das eine, erleben das andere. Polen-Neulinge nehme ich zunächst gern mal mit nach Krakau. Die »italienischste« Stadt jenseits der Tatra – wer wäre da nicht angetan. Ein Stadtbummel auf historischem Pflaster über den belebten Marktplatz und den Königsweg hinauf zum Wavel, vorbei an der altehrwürdigen Universität, an schummerigen Kneipen, schnuckeligen Cafés und all den kleinen Boutiquen. Ich mag das milde Abendlicht über der sommerlichen Weichsel, wenn die Jugend am Stadtstrand chillt, bevor sie ausgelassen feiert. In die vielen Pubs und Bars im Stadtviertel Kazimierz, das sein besonderes Flair mehreren Synagogen verdankt, strömen immer mehr Leute aus aller Welt.

Urbaner und rauer wirkt dagegen die polnische Hauptstadt. In Warschau kann man nächtelang von Klub zu Klub ziehen, aber ebenso gut elegant speisen, hochkarätige Konzerte besuchen, herrlich shoppen und staunen. Keine andere Stadt des Landes hat sich so rasant entwickelt – auch in die Höhe: Warschau ist moderne Kulturmetropole und Geschäftszentrum. Wenn mir die großstädtische Hektik auf die Nerven geht, fliehe ich an die Weichsel, die so beruhigend träge dahinfließt – und reise in Gedanken an die Ostseeküste. Immer häufiger zieht es mich aber auch hoch hinaus – aufs Dach der neuen Unibibliothek mit ihrem schönen Dachgarten, Blumen und stillen Leseecken. Von hier oben kann man gut erkennen, dass etwa ein Drittel der Stadt ausgedehnte Grünflächen sind.

Die natur- und freiheitsliebenden Polen zieht es aber, so oft es geht, hinaus aus der Stadt – um zu zelten, zu segeln, um Pilze und Beeren zu sammeln, zu jagen, zu angeln oder zu grillen. Manchmal kommt es mir vor, als hätten die meisten von ihnen nicht nur Verwandte in den USA, sondern selbst den Cowboy im Blut. Ein gewisser Hang zum Countrystyle zeigt sich auch an Eigenheimen, Restaurants und Imbissbuden. Viele protzige Geländewagen passen in dieses Bild. Und irgendwann fordert einen der mutige Fahrer – Typ polnischer Macho – zum »Duell«. Ohne mich! Ich fahre am liebsten mit dem Auto übers Land und genieße den Blick bis zum Horizont und immer weiter …

Polen ist weniger zersiedelt und dicht bebaut als Deutschland und entfaltet gerade fernab der bekannten Reiseziele wie Krakau, Breslau, Danzig, Masuren und Ostsee seinen ganzen Charme. Märchenhaft sind die Seen um das Kloster Wigry, sagenhaft die Urwälder von Białowieża, unheimlich die

Sonnenuntergang an Polens Ostseeküste

Der gotische Rathausturm überragt den Marktplatz in Krakau

Sümpfe um Sobibór und traumhaft die Ufer am Bug, wo die Republik Polen die EU-Außengrenze bildet.

Freunde von mir, die ein Sommerhäuschen im äußersten Osten haben, behaupten, dass nirgends sonst in Europa die Luft so sauber sei. Das nehme ich ihnen gern ab. Höchstens Blütenpollen und feine Sandkörner flirren durch die trockene Luft. Und wenn es Nacht wird, leuchten Mond und Sterne ganz hell, eigentlich nur überstrahlt von hin und wieder aufflackernden Scheinwerfern an der nahen Grenze zur Ukraine. Ansonsten Urlaub und Erholung pur: Ein Bauer im Ort sorgt für frische Eier zum Frühstück auf der Veranda. Sandige Wege führen zu versteckten Moorseen mitten im Wald, hier kann man Himbeeren pflücken, sich lässig in der Sonne aalen, Würstchen am Lagerfeuer brutzeln – einfach durchatmen und genießen. An Regentage kann ich mich gar nicht erinnern, eher an gemütliche Abende vor dem Kamin in der wohlig warmen Küche. Da ging es dann ans Eingemachte von Muttern bzw. Omama oder an den selbstgemachten – und wie ich finde, weltbesten – Kirschlikör. *Na zdrowie!* Polen ist also eine Reise wert und wird es Ihnen mit schönen Urlaubserinnerungen danken. *Dziękuję!*

WAS STECKT DAHINTER?

Die kleinen Geheimnisse sind oftmals die spannendsten. Hier werden die Geschichten hinter den Kulissen erzählt.

WIESO GEDEIHT HIER EINE PALME?

Die Winter in Warschau können lang und frostig sein – auf jeden Fall zu kalt für die 15 m hohe Dattelpalme inmitten der Asphaltwüste des Rondo de Gaulle'a. Tja, wenn hier Israel wäre … Immerhin kreuzt die vielbefahrene Aleje Jerozolimskie, also Jerusalemer Allee, die Verkehrsinsel. Eigentlich ein Jahr lang wollte die Künstlerin Joanna Rajkowska an die Warschauer Juden erinnern, als sie ihr Projekt »Grüße von der Jerusalemer Allee« umsetzte – das war 2002. Seither erlebte die Plastikpalme stürmische Jahre, bedroht von Vandalismus, Wetter und der Stadtverwaltung. Zeitweise stand nur noch der nackte Stamm. Doch ob zersaust oder gerupft, das künstliche Gewächs ist widerstandsfähig und längst zum Wahrzeichen avanciert (www.palma.art.pl).

DREIECK ODER KREIS?

Werden die Zeichen mit den Worten »toaleta« oder »WC« zusammen verwendet, findet man das stille Örtchen schnell – aber: Welche Tür ist die richtige? Für all diejenigen, die es eilig haben: Dreieck für die Männer, Kreis für die Frauen. Warum? Historisch interessant, aber nicht bewiesen: 1928 sicherte sich ein polnischer Wollfabrikant das Werbemonopol für Toilettentüren.

Sein Firmenlogo: Dreieck im Kreis, fand bald getrennt und den Geschlechtern zugeordnet einen Platz im Alltag. Warum auch immer.

WAS IST DENN DAS FÜR EIN LOKAL?

Manchmal fallen einem gut besuchte, aber nur wenig einladende Lokale auf. Durch spartanische Einrichtung bei vollem Neonlicht geben sie sich als die wenigen noch existierenden Milchbars zu erkennen, Überbleibsel aus Zeiten des Kommunismus. Steigende Mieten in lukrativer Lage verdrängen sie allmählich. *Bar mleczny* (Milchbar) steht zwar über vielen Restaurants, doch die gehören zur polnischen Fast-Food-Kette gleichen Namens.

Eine echte Milchbar hingegen macht kaum Aufhebens als »Bar Soundso«. > mehr S. 14 Punkt **14**. Design – entweder noch bunte Plastikblumen oder schon stylisch reduziert – und Konzept passen wie eh und je: einfache polnische Hausmannskost zu unschlagbar günstigen Preisen. Junge und Alte bestellen bei der resoluten Dame im Kittel am Tresen und balancieren die Tabletts an ihren Platz. Die Speisekarte an der Wand ist lang und erfordert etwas Mut, wenn man kein Polnisch kann. Sonst empfehle ich: *pierogi ruskie* und *kompot*.

Guten Appetit! *Smacznego!*

50 DINGE, DIE SIE ...

Hier wird entdeckt, probiert, gestaunt, Urlaubserinnerungen werden gesammelt und Fettnäpfe clever umgangen. Diese Tipps machen Lust auf mehr und lassen Sie die ganz typischen Seiten erleben. Viel Spaß dabei!

... ERLEBEN SOLLTEN

1 Ostseetörn Nutzen Sie die Chance, Anfang Juli in Danzig 📖 D2 bei der Baltic Sail › S. 44 an Bord eines Großseglers in See zu stechen (Sail Gdansk, www.balticsail.info, 150 PLN). Ahoj!

2 Unter Dampf Ein Pfiff – und die Lycker Schmalspurbahn rattert quietschend von Ełk nach Sypitki. Am Ziel kann man sich eine gute Stunde die Füße vertreten, bevor es wieder heißt: »Alles einsteigen bitte!« (Ełcka Kolej Wąskotorow, Ulica Wąski Tor 1, 📖 G2, www.mhe-elk.pl, Mai–Aug. tgl. 10 Uhr, 20 PLN).

Elch im Nationalpark Biebrza

3 Haltestelle Woodstock Anfang August geht es zum Open-Air-Festival Pol'and'Rock › S. 45 bei Kostrzyn 📖 A4, Hunderttausende tanzen ein Wochenende lang nach der Musik von Stars und Nachwuchsbands (polandrockfestival.pl).

4 Expedition In den Weiten des Nationalparks Biebrza 📖 G2/3 (www.biebrza.org.pl) können Sie Elchen, aber auch Wölfen, Ottern und Bibern nachspüren. Am besten folgen Sie dem Fotografen Mirek Drochowicz von Dolistowo aus auf einer etwa 6-Std.-Tour (300 PLN) in den streng geschützten »Roten Sumpf« (Mirosław Witkowski, Ulica Dolistowo 108, Tel. 0 85/7 16 15 03, www.biebrzasafari.pl).

5 Wilder Osten Spaß ist garantiert, wenn man sich beim Square Dance auf dem Festiwal Piknik › S. 44 in Mrągowo unter Country- und Folk-Music-Fans mischt.

6 Freizeit So viel, so weit – eine Natur zum Verlieben: Auf ins grüne Vergnügen! Vom PTTK Campingplatz am Wigry-See 📖 G2 im Kajak hinüber zur Halbinsel mit dem ehemaligen Kamaldulenserkloster, erfrischendes Bad und Grillen inklusive (Stary Folwark 55, www.suwalki.pttk.pl, Juni–Sept., Kajak: 26 PLN/Tag).

Wigry-Nationalpark im Nordosten Polens

7 Zeitreise Passenderweise erlebt man das als kommunistische Planstadt errichtete Krakauer Viertel Nowa Huta ▮ E7 in einem Trabant oder Polski Fiat aus Zeiten der Volksrepublik, begleitet von Anekdoten und mit Milchbarstopp (www. crazyguides.com, 2,5 Std., 159 PLN).

8 Blaue Seenschleife Die fast 80 km lange, blau markierte Radtour, die in Giżycko ▮ G2 startet und endet, führt durch Wald und Wiesen um den Jezioro Mamry (Mauersee). In Sztynort (34 km) kann man schwimmen, essen und übernachten (Verleih und Info: Wama-Tour, Ulica Konarskiego 1/1, www.masuren-aktivurlaub. de, Rad/Tag 35 PLN).

9 Warschauer Salonmusik Im Chopin Bed & Breakfast › S. 101 sorgt Gastgeber Jarek für Wein, Schnittchen und mehrsprachige Konversation, bevor sich alle um die Nachwuchsmusiker am Flügel scharen, um ihnen zu lauschen (www. bbwarsaw.com, tgl. 19.30 Uhr, 40 PLN).

… PROBIEREN SOLLTEN

10 Zum Start Äußerst beliebt ist Hering in Leinöl mit Zwiebeln, dazu ein ordentlicher Schluck Wodka, *śledź marynowany w oleju lnianym*, unter anderem im Warszawa Wschodnia auf dem Gelände der Soho Factory in Warschau › S. 102.

11 **Klassiker** Mit Honig glasierte polnische Ente, Rotkohl und schlesische Klößchen begeistern selbst verwöhnte Gaumen, z. B. im Polka › S. 106 in Łódz.

12 **Allerlei** *Bigos* heißt der deftige Eintopf mit Sauerkraut, Schweinefleisch, Wurst, Pilzen, Zwiebeln und Kümmel, er wärmt und stärkt nach einem Tag beim Skifahren, u. a. im Karczma Czarci Jar › S. 142 in Zakopane.

13 **Karp po Żydowsku** Der Karpfen jüdischer Art (in Aspik mit Mandeln und Rosinen) ist ein Beispiel für die vielseitig beeinflusste polnische Küche. Besonders lecker wird er im Warschauer Pod Samsonem › S. 102 zubereitet.

14 **Kompott** Den Saft eingemachter Birnen, Äpfel oder Kirschen – süß und köstlich wie bei Oma – ist als Softdrink zum Essen in der Milchbar nach wie vor beliebt › S. 11, z. B. in der Bar Ząbkowski 📕 F4 (Ulica Ząbkowska 2, Warszawa, Mo–Fr 7–19 Uhr, Sa/So 9–17 Uhr).

15 **Pierogi Ruskie** Die quarkgefüllten Teigtaschen sind vegetarisch mit gerösteten Zwiebeln und Butter, aber auch mit krossen Speckwürfeln ein Genuss, zu empfehlen im Krakauer Chimera › S. 138.

16 **Revolution** Das ungefilterte Bier »Warminskie Rewolucje« der Brauerei Kormoran (www.browarkor moran.pl) in Olsztyn erfrischt mit seinem starken Hopfenaroma und der

Bigos und Pierogi – mit unterschiedlichen Füllungen und Toppings – sind auch als Imbiss beliebt

leichten Zitrusnote – nicht nur an heißen Sommertagen, z. B. im Restaurant Przystań › S. 82.

17 **Wurst** Die Angebotspalette der legendär schmackhaften polnischen Würste reicht von scharfen Kabanosy mit Peperoni, Pfeffer oder Knoblauch bis zu Lachswürstchen (*kiełbasa z łososia*), z. B. Kostproben beim Schlachter im UG der Danziger Markthalle › S. 62.

18 **Snack aus der Tatra** Der ovale über dem Feuer geräucherte Schafskäse *oscypek* schmeckt leicht holzig, ist salzig und für unterwegs perfekt. Echt nur beim Hirten an der Hütte Wojciech Komperda 📕 F8 (Bacówka w Czorsztynie, Ratułów 124a, Czorsztyn).

19 **Martinshörnchen** Das mohngefüllte Plundergebäck *rogal marciński* mit Zuckerglasur und Nusskrokant gibt es in Posen traditionell am 11. Nov. und bei der Piekarnia Cukiernia Fawor 📕 C4 (Ulica Wielka 24/25, Poznań, Mo–Fr 6–19, Sa 7–17, So 10 bis 17 Uhr).

20 **Barszcz z uszkami** Die klare Rote-Bete-Suppe mit Öhrchen (*uszkami*), den pilz- oder sauerkrautgefüllten wie Tortellini geformten Teigwaren, wird traditionell Heiligabend gegessen, serviert wird sie auch z. B. im Krakauer Restaurant Chłopskie Jadło › S. 138.

21 **Żurek** Die saure Mehlsuppe wird gern rustikal im Roggenbrotlaib angerichtet. Für eine Kostprobe ist das Wesele 📕 b3 in Krakau zu empfehlen (Rynck Główny 10, www.wesele restauracja.pl).

... BESTAUNEN SOLLTEN

22 **Fotoplastikon Warschau** Das original erhaltene Bilderkarussell 📕 F4 zeigt jeden Sonntag 3-D-Ansichten der polnischen Hauptstadt um 1900 (Aleje Jerozolimskie 51, Mi–So 10–18 Uhr).

23 **Altar der Solidarität** Der Hochaltar in der Danziger Brigittenkirche › S. 60 ist der Gewerkschaft Solidarność gewidmet: im Zentrum schwebt Maria mit dem Kind aus Bernstein und 28 Rubinen in der Krone, die an die toten Werftarbeiter von 1970 erinnern.

24 **Multimediale Wasserspiele** An lauen Sommerabenden verzaubern die grandiosen Licht-, Laser- und Soundshows im Warschauer Springbrunnenpark › S. 96 das Publikum (Fr/Sa Mai–Aug. 21.30, Sept. 21 Uhr, sonst nur farbig illuminiert).

25 **Zalipie** In dem südpolnischen Ort ▮ F7 werden die Häuser – vor allem Türen und Fenster – mit teils farbenfrohen Blumenmustern bemalt, die unbedingt einen Spaziergang durch den Ort lohnen.

26 **Jüdischer Friedhof** Zwischen den 180 000 Gräbern der letzten Ruhestätte für Juden in Łódź › S. 106 ragt – wie ein antiker Tempel – das Mausoleum des 1900 verstorbenen Tuchfabrikanten Poznański heraus.

Poznański-Grabstätte auf dem Jüdischen Friedhof in Łódź

27 **Historiengemälde** Im Warschauer Nationalmuseum › S. 99 kann man das größte polnische Gemälde, die »Schlacht bei Grunwald« (426 × 987 cm) von Jan Matejko, bestaunen.

28 **Wildpferde** In Popielno ▮ F2, auf einer Halbinsel zwischen Jezioro Śniardwy und Jezioro Bełdany, leben zwei Herden der kleinen robusten Koniks, zu denen man besser respektvollen Abstand hält (Sommer 11–18 Uhr).

29 **Weichselblick** Der Dachgarten der Warschauer Universitätsbibliothek ▮ F4 bietet zwischen April und Oktober neben Wasserfall, Blumen und Sitzbänken eine fantastische Aussicht (Ulica Dobra 56/66, www.buw.uw.edu.pl).

30 **Romantisch** Bei Dämmerung werden entlang der Ulica Agrykola durch den Łazienki-Park › S. 100 historische Gaslaternen angezündet, die mild in die Warschauer Nacht leuchten.

31 **Neues Musikerleben** Der Einklang von Architektur und Akustik ist im Musikzentrum Katowice ▮ E7 ebenso spektakulär wie die Konzerte des Symphonieorchesters des Polnischen Rundfunks (Plac W. Kilara 1, www.nospr.org.pl).

32 **Sündenfrei** Im Dom zu Kwidzyn ▮ E2 stehen zwei bunt bemalte evangelische Beichtstühle. Bibelszenen verraten, welcher für Männer bzw. für Frauen bestimmt war.

Die Einwohner Zalipies verzieren ihre Gartenzäune mit Blumemustern

33 **Weltkulturerbe** Der farbenfrohe Dekor der fein geschnitzten Ornamente macht die gotische Holzkirche im Karpartenort Haczów › S. 128 zu einer Augenweide.

... MIT NACH HAUSE NEHMEN SOLLTEN

34 **Büffelgras-Wodka** Der *żubrówka* aus Białystok ▮ H3 ist in Polen Kult und damit kann man zu Hause noch mal richtig auf den Urlaub anstoßen, erhältlich u. a. bei der Supermarktkette Biedronka (Ulica Nowy Świat 3, Białystok).

35 **Kuh-Bonbons** Diese zart-bröseligen Sahnekaramellen *(krówka mleczna)* mit Suchtfaktor zergehen auf der Zunge – zu finden u. a. in der Danziger Markthalle › S. 62.

36 **Schönheitspflege** Polnische Frauen schwören auf die Kosmetik von Dr Irena Eris. Wer seinen Wellnessurlaub verlängern möchte, nehme die Creme »Hyddo Oleo Active« mit nach Hause, u. a. vom Kosmetikinstitut Dr Irena Eris ▮ F4 (Aleja Jana Pawła II 20, Warszawa, www.drirenaeris. com).

37 **Küchenhilfe** Hübsch gedrechselte Honiglöffel *(łyżka do miodu)* gibt es in den Beskiden (Kleinpolen) › S. 140 an jeder Ecke, sonst beim Imkereimuseum Sądecki Bartnik (in Stróże bei Krynica Zdrój) ▮ F8.

38 **Augenweide** Plakate, Poster und Illustrationen waren und sind kreative Begleiter des polnischen Alltags, auf Buchdeckeln und Zeitschriften, in Werbung und Marketing, aber auch zu Hause, wenn man ein grafisches Kunstwerk z. B. aus Ryszard Kajas Reihe »Polen« (100 PLN), ersteht. Am besten durchstöbert man das große Angebot in der Galeria Grafiki i Plakatu 📙 b4 (Ulica Hoża 40, Warszawa, ab 100 PLN).

39 Gold der Ostsee Echter Bernstein hat bei seriösen Händlern seinen Preis. In der Galeria S&A Bursztynowa Biżuteria, › S. 62 in der Danziger Frauengasse sind aparte Bernsteinohrringe (um 80 €) auf jeden Fall eine Überlegung wert.

40 Syrop malinowy Der Biohimbeersirup von Krokus (www.przetwory.com) macht aus jedem heimischen Bier ein polnisches *piwo z sokiem*, das nach einem leichten, beschwingten Sommer in Polen schmeckt. Im Sortiment z. B. bei

ALDIK supermarket 📙 G6 (Aleje Warszawska 61 A, Lublin, tgl. 8–19 Uhr).

41 Trinkfreuden Was gibt es schöneres als jeden Tag mit einer Erinnerung an den letzten Urlaub zu beginnen? Mit einem Schluck Kaffee oder Tee aus einem Keramikbecher, handgefertigt von jungen Kreativen, in großer Auswahl bei LAS RĄK 📙 b4 (Ulica Chmielna 9, Warszawa, ab 40 PLN).

42 Schnitzkunst Mit ihren typisch bäuerlichen Szenerien sind die farbenprächtigen naiven Holzkrippen *(szopka)* eine Hommage an polnische Überlandfahrten. Käuflich zu erwerben u. a. im Atelier Magdalena i Andrzej Wojtczak in Kutno 📙 E4 (Ulica Józefów 3, Tel. 0 24/3 55 66 91, ab 500 PLN).

Bernsteinbearbeitung in einer Danziger Werkstatt

43 Grzyby Die Polen ziehen zu Hunderten in die Wälder, um dort Pilze zu sammeln. Frisch oder auch getrocknet bereichern Pilze zu Hause u. a. die Gerichte *bigos* oder *pierogi*. Erhältlich bei der Supermarktkette Piotr i Paweł (Filialen im ganzen Land, www.piotripawel.pl).

44 Kasza Wer Gefallen an den polnischen Gerichten mit Buchweizengrütze gefunden hat, kann sich mit dem glutenfreien Getreide vor Ort eindecken, z. B. bei Bacówka 📕 E7 (Silesia City Center, Ulica Chorzowska 107, Katowice, tgl. 10–21 Uhr).

Frische Pilze aus Polens Wäldern

… BLEIBEN LASSEN SOLLTEN

45 Sich der Landessprache verweigern Lernen Sie ein paar Worte, wenigstens die Basics *Dzień dobry!* (Guten Tag!), *Do widzenia!* (Auf Wiedersehen!) und *Dziękuję!* (Danke!). So gewinnen Sie die Herzen Ihrer Gastgeber.

46 Besserwisserei Bei den im Allgemeinen stolzen und sehr höflichen Polen führen vornehme Zurückhaltung und Humor eher ans Ziel als lautstarke Forderungen und Beschwerden.

47 Aggressiv fahren Mit eher defensivem Verhalten im Straßenverkehr kommen Sie den rasanten einheimischen Autofahrern nicht in die Quere. Sie ersparen sich viel Stress und tun Ihrer Gesundheit einen Gefallen.

48 Unhöflich sein Man hält einer Dame die Tür auf, bietet ihr einen Platz in der Tram an und macht Komplimente – polnische Männer sind auffallend zuvorkommend – normalerweise. Und denken Sie bei einer Einladung unbedingt an die Blumen!

49 Aberglaube anzweifeln Begrüßen Sie ihre polnischen Gastgeber nie über der Türschwelle, sondern erst nach Betreten des Hauses. Eine Karpfenschuppe im Portemonnaie beschert Geldsegen und stellen Sie eine Handtasche nie auf den Boden, sonst »rennt« sie davon.

50 Lange auf den Service warten Wenn in einem Lokal – vor allem draußen – keine Bedienung erscheint, bestellen und bezahlen Sie an der Theke und nehmen Ihr Getränk gleich mit an den Tisch.

Dünenlandschaft im Słowiński-
Nationalpark

REISEPLANUNG
& ADRESSEN

DIE REISEREGION IM ÜBERBLICK

Polen ist ein Land der Kontraste mit einem entsprechend vielfältigen Urlaubsangebot. Auf Sandstrände folgen zahlreiche Seen, auf Flachland erst die niedrigeren, dann die höheren Bergketten.

Auf diese einfache Formel gebracht, lässt sich Polen in fünf Großregionen aufteilen: die Ostseeküste, das baltische Moränengebiet, die nordeuropäische Tiefebene und die Bergketten der Sudeten und Karpaten. Für die Reiseplanung sind aber nicht nur die geografischen, sondern auch die historischen Regionen und natürlich die klassischen Reiserouten von Bedeutung.

Breite Sandstrände und ein malerisches, von Moränenhügeln dominiertes Hinterland prägen die polnische **Ostseeküste,** an der im Hochsommer zahlreiche Familien Erholung suchen. Sofern das Wetter mitspielt, lässt sich hier ein ganz und gar erholsamer Badeurlaub verbringen. Während Hinterpommern kulturell wenig zu bieten hat, punktet das untere Weichseltal in kultureller Hinsicht – mit Danzig, der »Königin der Ostsee«, und der europaweit größten aller Burgen, der Marienburg – beides sind Höhepunkte einer Ostseereise!

Etwa 3000 malerische, schilfbestandene Seen inmitten ausgedehnter Mischwälder kennzeichnen **Masuren** und **Ermland.** Der von Moränenhügeln geprägte Nordosten Polens gehört im Sommer schon lange zu den Lieblingszielen polnischer und auch ausländischer Touristen. Masuren ist ein ideales Reiseziel für Aktivurlauber. Wander-, Rad- und Kanutouren sowie Segeltörns stehen hoch im Kurs. Sieht man von einigen wenigen kulturellen Anziehungspunkten ab, ist es ein Landstrich, in dem jeder seine eigenen Wege und Lieblingsplätze für ein Picknick, Wälder zum Beeren- und Pilzesammeln oder einsame Badeseen findet.

In **Mittelpolen** liegen die Kerngebiete des Staates: Großpolen rund um Posen, Kujawien bei Bydgoszcz, Masowien mit der Hauptstadt **Warschau** und Podlachien rund um die Stadt Białystok. Hier stehen weniger Naturlandschaften als vielmehr die Begegnung mit Geschichte und Kultur im Vordergrund. Hauptreiseziel der Region ist zweifellos Warschau, die polnische Hauptstadt, bekannt für einen mustergültigen Wiederaufbau nach dem Zweiten Weltkrieg und einem rasanten Wachstum nach dem Zerfall des Warschauer Pakts. Außerdem lockt sie mit ihrem pulsierenden Kultur- und Nachtleben. Weitere lohnende Reiseziele in Mittelpolen sind die Städte Poznań (Posen) und Toruń (Thorn).

Schlesien ist längst nicht mehr die schmutzige Bergbau-und Industrieregion des Landes. Mit seiner immens reichen Kulturlandschaft zieht Schlesien zunehmend Besucher aus aller Welt an, insbesondere Städte wie **Breslau** mit dem Marktplatz Rynek und dem Rathaus und so imposanten

Im Dreiländereck Polen–Tschechien–Slowakei, südlich von Żywiec (Saybusch)

Bauwerken wie dem Dom oder der Jahrhunderthalle. Es sind Sehenswürdigkeiten von kunsthistorischem Rang wie die Friedenskirche von Świdnica, die Abteien von Krzeszów oder Lubiąż, die begeistern. Schlesien ist zu jeder Jahreszeit ein lohnendes Ziel. Möchte man im Urlaub das Riesengebirge erkunden, dann ist der Hochsommer als Reisezeit zu empfehlen. Im Winter lockt die Region dank schöner Skipisten zahlreiche Wintersportler an.

Der historische Name **Kleinpolen** ist etwas irreführend, denn so klein ist Polens südliche Region nicht. **Krakau,** die Hauptstadt Kleinpolens, war jahrhundertelang das kulturelle Zentrum des Landes, Residenz und Grablege der polnischen Könige. Jeder Stein weiß eine Geschichte zu erzählen. Von der großen jüdischen Vergangenheit zeugt das Viertel Kazimierz. Hinter den historischen Fassaden haben sich inzwischen Hotels, Restaurants und Cafés breit gemacht. Touristen dominieren das Straßenbild. Neben Krakau mit Marktplatz, Königsschloss und zahlreichen sehenswerten Kirchen und Synagogen, hat auch das Umland einiges zu bieten: Częstochowa (Tschenstochau), den wichtigsten Wallfahrtsort Polens und die KZ-Gedenkstätte Auschwitz in Oświęcim. Wer sich gern draußen bewegt und wandert, kann fantastische Naturlandschaften entdecken. In den Gebirgsregionen im Süden und Südosten locken nicht weniger als zehn beeindruckende Nationalparks, die bei Wanderungen, Mountainbike-, Kanu- oder Floßtouren erkundet werden können, allen voran die Nationalparks der Hohen Tatra und Pieniński. Der September ist übrigens der schönste Monat, um Bergtouren zu unternehmen, während Krakau ganzjährig ein beliebtes Reiseziel ist.

KLIMA & REISEZEIT

Das Klima in Polen wird von den Meteorologen generell als gemäßigt eingestuft.

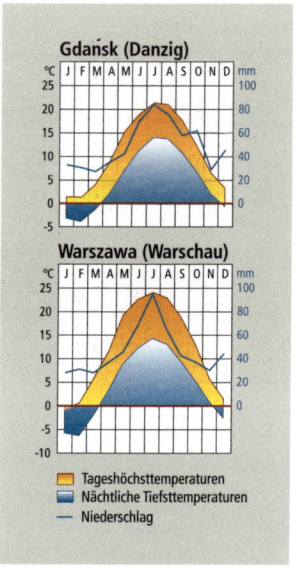

Das Land liegt in einer Übergangs-zone zwischen dem ozeanischen Klima Westeuropas und dem Kontinentalklima Osteuropas, was zu starken, regional differenzierten Klimaschwankungen führt.

Der Frühling ist meist sonnig und warm, doch können bis in den Mai hinein heftige Nachtfröste auftreten. Im Sommer steigt das Thermometer nicht selten bis auf 30 °C an. Auch wenn es überwiegend heiter und trocken bleibt, muss man jederzeit mit heftigen Niederschlägen rechnen. Im Frühherbst ist es oft sonnig und trocken. Daher gilt der Herbst – vor allem im Bergland – als besonders reizvolle Jahreszeit. Der Winter ist im größten Teil Polens nicht besonders streng, es gibt aber wiederum erhebliche regionale Abweichungen in Abhängigkeit von Lage und Topografie. Selten sinken die Tagestemperaturen unter –10 °C. Eine Ausnahme bildet lediglich der Nordosten des Landes, wo es auch über längere Zeit empfindlich kalt werden kann. Im Ostteil Polens und im Gebirge fällt reichlich Schnee, der für gute Wintersportmöglichkeiten sorgt.

Von Anfang März bis Mitte April und von Mitte Oktober bis Weihnachten muss man mit schlechten Wetterverhältnissen rechnen. In Masuren jedoch kann man, wenn die Sonne scheint, einen wahrhaft goldenen Oktober erleben, mit Frühnebel, dem bisweilen fast spätsommerlich warme Tage folgen, und einer fantastischen Laubfärbung. Rund um die Seen herrscht um diese Jahreszeit absolute Stille, oft ist man ganz alleine – wie auch während des klirrendkalten Winters in Masuren oder an der Ostseeküste. Dann muss man sich jedoch auf vereiste Straßen einstellen.

Zu Weihnachten, Ostern, am ersten Wochenende im Mai (1.–3. Mai sind Feiertage in Polen) und während der Sommerferien ist viel los. Besonders rund um die Hohe Tatra sowie an der Ostseeküste gilt es dann, sich rechtzeitig um eine geeignete Unterkunft zu kümmern.

ANREISE

MIT DEM FLUGZEUG

Die polnische Fluggessellschaft LOT (www.lot.com) fliegt von vielen deutschen Städten, sowie von Zürich, Genf und Wien nach Warschau und von Frankfurt, München, Zürich und Wien nach Krakau. Von Frankfurt, München und Zürich nach Breslau sowie von Frankfurt und München nach Danzig. Lufthansa (www.lufthansa.com) bedient die Strecken von Frankfurt und anderen deutschen Städten nach Warschau, Danzig, Breslau, Krakau, Bydgoszcz, Poznań sowie Kattowitz.

Austrian Airlines (www.austrian.com) bietet Flüge von Wien nach Warschau und Krakau, Swiss (www.swiss.com) von Zürich nach Warschau, Breslau und Krakau. Eurowings (www.eurowings.com) steuert von diversen deutschen Flughäfen, Zürich und Wien in Polen Breslau und Krakau an.

Wizzair (wizzair.com) fliegt von Basel-Mulhouse-Freiburg und Wien nach Warschau-Chopin, von Dortmund und Basel-Mulhouse-Freiburg nach Breslau, von Hamburg, Dortmund, Köln und Wien nach Danzig, sowie von Dortmund, Köln, Frankfurt-Hahn, Memmingen nach Kattowitz, von Dortmund nach Poznań und Olsztyn-Mazury. Ryanair (www.ryanair.com) fliegt nach Warschau-Modlin (ab Köln-Bonn, Karlsruhe-Baden-Baden, Memmingen), Kattowitz (ab Hamburg), Krakau (ab Berlin, Dortmund, Frankfurt-Hahn, Nürnberg) und Bydgoszcz (ab Düsseldorf-Weeze). Außerdem gibt es mit bmi (www.flybmi.com) Direktflüge zwischen München und Lublin.

MIT BAHN UND BUS

Die wichtigste Direktverbindung der Deutschen Bahn (www.bahn.de) stellt der reservierungspflichtige EC, der sogenannte Berlin–Warschau-Express dar, der die 600-km-Strecke von Berlin Hbf. über Poznań in weniger als 6,5 Stunden zurücklegt. Weitere reservierungspflichtige EC-Züge fahren von Berlin-Lichtenberg nach Warschau sowie von Berlin Hbf. nach Danzig. Die Strecke zwischen Berlin-Lichtenberg und Stettin ist durch Regionalzüge bestens abgedeckt. In Polen sind Bahnfahrten relativ preisgünstig. Zur uneingeschränkten Benutzung aller polnischen Züge an 3 bis 8 Tagen innerhalb eines Monats berechtigt der InterRail Poland Pass (www.polrail.com).

Eine Ergänzung zur Bahn sind die IC-Busse von Berlin nach Breslau und Krakau sowie die preiswerten internationalen Fernlinienbusse nach Polen. Eurolines (www.eurolines.de) und Flixbus (www.flixbus.de) verbinden auch viele kleinere Städte in Deutschland, Österreich, der Schweiz und Polen.

MIT DEM AUTO

Für die Anfahrt aus Norden und Westen ist die Autobahn A2 (E30) von Berlin über Frankfurt/Oder, Poznań und Lodz nach Warschau, aus dem

Westen und Süden ist die A4 (E40) über Dresden, Görlitz/Zgorzelec, Breslau, Kattowitz, Krakau und Przemyśl bis zur ukrainischen Grenze von Bedeutung. Polnische Autobahnen sind für Pkw teilweise gebührenpflichtig, die Zahlung erfolgt je nach Fahrzeuggröße und Strecke an Mautstellen.

REISEN IM LAND

MIT ÖFFENTLICHEN VERKEHRSMITTELN

Die polnischen Städte sind durch Inlandsflüge oder die polnische Bahngesellschaft PKP (Polskie Koleje Państwowe) verbunden. Sie betreibt reservierungspflichtige EC-Züge auf den internationalen Fernstrecken, z. B. Berlin–Poznań–Warschau sowie Hochgeschwindigkeitszüge EIP und EIC-Züge innerhalb Polens, z. B: Gdynia–Danzig–Krakau bzw. Kattowitz über Warschau, Warschau–Breslau–Jelenia Góra, Warschau–Stettin. Günstiger, aber auch weniger schnell sind die IC-und TLK-Züge.

Den Nahverkehr betreibt Przewozy Regionalne (PR) mit Regionalzügen, kurz Regio, die unterwegs oft halten, bis in teils entlegene Ortschaften.

Das Bahn- wird durch das Busnetz der PKS ergänzt. Die Busbahnhöfe *(dworzec PKS bzw. autobusowy)* befinden sich meist in der Nähe der Bahnhöfe *(dworzec PKP)*. Die beste Übersicht mit Onlinekauf bietet die Website www.e-podroznik.pl (auch in Dt.).

Die meisten Städte verfügen über einen gut funktionierenden öffentlichen Personennahverkehr mit Stadtbahnen, Metro, Trambahnen und Bus. Einzeltickets, Zeitfahrscheine, Tages-, Wochenend- oder Wochentickets werden an Automaten oder an Kiosken *(kiosk ruchu)* bei Bar- und Kartenzahlung verkauft, manchmal auch in Bus- und Tram (Kleingeld parat halten). Viele Städte bieten zusätzlich Radleihsysteme mit Stationen oft in der Nähe von Bahnhöfen oder zentralen Haltestellen.

MIT DEM EIGENEN KFZ

Kfz-Fahrer müssen Führerschein und Zulassungsbescheinigung Teil 1 mitführen. Steuert der Kfz-Halter nicht selbst das Fahrzeug, benötigt der Fahrer unbedingt ein Nutzungsvollmacht. Die Grüne Versicherungskarte wird empfohlen. Tankstellen mit bleifreiem Benzin *(Pb)* und Diesel *(ON)* sind flächendeckend vorhanden. Geschwindigkeitsbegrenzungen: innerorts 50 km/h, außerorts 90 km/h, zweispurige Schnellstraße 100 km/h, vierspurige Schnellstraße 120 km/h, Autobahn 140 km/h (streckenweise mautpflichtig). Ganzjährig ist das Abblendlicht auch tagsüber einzuschalten. Straßenbahnen haben grundsätzlich Vorfahrt. Die Promillegrenze liegt bei 0,2, ab 0,5 Promille liegt eine Straftat vor, für die man bei Gefährdung und verletzten Personen bis zu zehn Jahren ins Gefängnis wandern kann.

BEWUSST LEBEN!

Verantwortungsvolles Reisen ist mehr denn je gefragt. Daher fühle ich mich bei Jarosław und seinesgleichen so wohl, da sie nach dem Motto »Global denken, regional gestalten und genießen« viel Wert auf Nachhaltigkeit legen. Jarosław ist in der Welt herumgekommen, hat viele Ideen mitgebracht und schmiedet immer neue Pläne.

In seinem Chopin Boutique Bed & Breakfast › S. 13, 101 treffen sich Leute verschiedener Nationalitäten. »Ich möchte Menschen zusammenbringen, sie sollen Geschmack und Kultur kennenlernen«, parliert er in fließendem Englisch. Gern gesellt er sich zu den Gästen, die gemeinsam an einer langen Tafel frühstücken.

Begeistert erzählt er von seinem Lieblingsprojekt: wie er das 1910 erbaute, mehrstöckige Modernismehaus in ein Schmuckkästchen verwandelte. Zimmer und Flure sind ressourcenschonend mit Antiquitäten eingerichtet. Besonders stolz ist der Hausherr auf das Art-decó-Mobiliar im Essraum. Im Hof stehen im Sommer neben einigen Gästefahrrädern die Kräutertöpfe. Auf dem Dach produzieren drei Bienenvölker alljährlich etwa 100 kg Honig. Mehl, Eier, Brot, Marmelade, Käse, Wurst, Quark, Milch und Leinöl kommen direkt von Bekannten auf dem Lande – natürlich in Bioqualität. Brot wird selbst gebacken, Kaffee selbst geröstet. So ist das Frühstück »der richtige Start in einen Tag voller Besichtigungen«, findet Jarosław. Und für die kulturelle Unterhaltung sorgen Musikstudenten im Salon, die jeden Abend neben Chopins Polonaisen und Mazurkas auch Stücke anderer Komponisten spielen. Davor bleibt bei Häppchen und Wein genug Zeit für einen internationalen Austausch im Publikum.

Jarosław empfiehlt:

Die Markthallen in Warschau sind günstiger als die derzeit beliebten Frühstücksmärkte *(Targ niadaniowy)* – denn hier zählen nicht Biolabels sondern Händler des Vertrauens.

- **Hale Banacha**
  Grójecka 95 | Warschau | halebanacha.pl
- **Hala Mirowska**
  Plac Żelaznej Bramy | Warschau

Mehl kaufen in der 1901 gegründeten Mühle bei Wrocław, eine Adresse der auch in Polen populären Slow-Food-Bewegung.

- **Młyn Skokowa**
  Wrocławska 29 | Prusice

Regional einkaufen in der Hala Mirowska

SPORT & AKTIVITÄTEN

Zwischen Ostseeküste und Hoher Tatra, Masurischer Seenplatte und Riesengebirge bietet Polen vielfältige Möglichkeiten für Outdoorsport zu Wasser und zu Land.

ANGELN

Der Fischreichtum der polnischen Flüsse und Seen zieht viele Angler an. Polnische Anglergeschäfte bieten Ausrüstungen zu konkurrenzlos niedrigen Preisen an und sind dabei behilflich, die vorgeschriebene Angelkarte zu besorgen. Für die meisten Gewässer ist der Polnische Angelverband PZW zuständig.

BADEN

Eine 500 km lange Küstenlinie mit einigen der breitesten Sandstrände Europas sowie unzählige saubere Seen in Masuren und Pommern bieten paradiesische Zustände für Badeliebhaber.

Sieht man von den speziellen Strandabschnitten für *naturzyści* (FKK; Dębki, Chałupy) ab, trägt man in Polen Badehose bzw. -anzug oder Bikini. »Oben ohne« wird nicht gerne gesehen.

BERGWANDERN

In den Sudeten, Beskiden und der Hohen Tatra kommen Wanderer, Bergsteiger und Kletterer auf ihre Kosten. Hunderte markierter Wanderwege und Klettersteige in unterschiedlichen Schwierigkeitsgraden führen durch Nationalparks; etliche Berghütten, im Riesengebirge »Bauden« genannt, bieten sich für Übernachtungen an.

In der Hohen Tatra und im Pieniński-Nationalpark werden die exponierten Teile der Wanderpfade mit Ketten und Klammern gesichert. Legendär ist der Tatra-Gipfelweg, der sogenannte Adlerpfad *(orla perć)*, aber auch leichtere Wege fordern oft Trittsicherheit und Aufmerksamkeit. Konditionell und klettertechnisch weniger anspruchsvoll sind im Allgemeinen die Wege im Riesengebirge und im Bieszczady-Nationalpark.

Dennoch sollten Wanderer ihre Kräfte nicht überschätzen. Zur Ausrüstung gehören Berg-/Trekkingschuhe, Regenjacke, Pullover und ausreichend Getränke.

GOLF

Fast jede Region verfügt mittlerweile über Golfplätze, deren Größe und Ausstattung überwiegend den europäischen Standards entsprechen. Ausführliche Informationen unter golf.pl (auch dt.).

Einer der größten Golfplätze in Südpolen ist **Crakow Valley Golf & Country Club** (Paczóltowice 328, 32-063 Krzeszowice, Tel. 0 12/2 58 85 00, golf.krakow.pl). Beliebt ist auch **Golf & Country Club First Warsaw** (Ulica Golfowa 44, Rajszew, 05-110 Jabłonna, Tel. (mobil) 530 57 74 77, www.fwgcc.pl). Beide verfügen über eine Golfakademie.

Im Frühjahr ziehen die Heringe in die Ostsee, dann wird es an der Weichselmündung voll

RADFAHREN

Polen ist ein ideales Radfahrerland. Beliebtestes Reiseziel von Radtouristen ist Masuren. Doch auch die Küstenregion und der Green Velo (greenvelo.pl) genannte Radweg entlang der polnischen Ostgrenze bieten sich für ausgedehnte Radwanderungen an. Das Radwegenetz wurde in den vergangenen Jahren enorm ausgebaut. Gute Tipps halten das **Polnische Fremdenverkehrsamt** (www.polen.travel/de) oder z. B. der **ADFC** bereit (Allgemeiner Deutscher Fahrrad-Club, Am Wall 128–134, 28195 Bremen, Tel. 04 21/34 62 90, www.adfc.de).

REITEN

Reiten und Pferdezucht erfreuen sich in Polen einer langen Tradition. Die staatlichen Gestüte wie die Araberzucht in Janów Podlaski oder die nach dem Zweiten Weltkrieg wieder ins Leben gerufene Trakehnerzucht in Liski und Judyty nördlich von Olsztyn sind berühmt und gelten als Anziehungspunkt sowohl für zahlungskräftige Käufer als auch für Pferde- und Reitsportbegeisterte. Ferien im Sattel werden auch von vielen kleinen privaten Reiterhöfen angeboten (www.reiten.de).

WINTERSPORT

Polens traditionelle Hochburg des Wintersports ist **Zakopane** (www.zakopane.eu) und die umliegenden Dörfer wie Bukowina Tarzańska. Dort gibt es einige Kabinenbahnen und Sessellifte sowie Hunderte von Schleppliften. In der **Hohen Tatra** konzentrieren sich die Pisten auf den Berg Kasprowy. Aber auch das **Riesengebirge** mit seinen Wintersportorten sowie Szczyrk in den Beskiden sind ausgesprochen reizvoll. Längst kein Geheimtipp mehr sind die Loipen bei Olsztyn, zumal diese in den Wintermonaten relativ schneesicher sind. Infos zu den Skigebieten unter www.snowpage.de.

UNTERWEGS AUF FLÜSSEN UND SEEN

Kajakfahrer auf dem Fluss Czarna Hańcza im Wigry-Nationalpark, Nordostpolen

WASSERSPORT IN MASUREN

Die Masurische Seenplatte ist ein Dorado für Wassersportler wie Segler, Kanuten und Surfer. Die idyllisch gelegenen Seen werden vielfach durch Flüsse und Kanäle miteinander verbunden und sind geradezu ideal geeignet für mehrtägige Kanutouren, an vielen Seeufern gibt es schöne Biwakplätze. Ruhe, Einsamkeit und wunderschöne Naturerlebnisse sind bei einer solchen Kanutour garantiert.

Unzählige Segelboote sind im Sommer auf den Masurischen Seen unterwegs, fast schon mediterranes Flair herrscht an den Anlegestellen von Sztynort, Mikołajki und Węgorzewo. Um eine Jacht zu chartern benötigt man einen Segelschein.

Wer auf eigene Faust lossegelt, braucht auf jeden Fall eine gute Karte, auf der auch die seichten Stellen und Felsen markiert sind, z. B. »Wielkie Jeziora Mazurskie«, die man vor Ort an den Zeitungskiosken kaufen kann.

Wassersportler sollten sich aber auf plötzliche WETTERUMSCHWÜNGE einstellen. Vor allem auf dem Spirdingsee (Jezioro Śniardwy) kann ein Idyll mit blauem Himmel im Handumdrehen durch ein Gewitter zerstört werden. Bei Blitz und Donner ist umgehend das nächste Ufer anzusteuern. Warnungen durch Leuchtzeichen sind unbedingt Folge zu leisten.

Auskünfte über organisierte Reisen mit Segelbooten oder Kajaks gibt es beim **Polnischen Fremdenverkehrsamt** › S. 152 sowie unter folgenden Adressen:

- Polski Związek Żeglarski ▮ F4
  al. ks. J. Poniatowskiego 1
  03-901 Warszawa
  Tel. 0 22/5 41 63 63 | www.pya.org.pl
- Polski Związek Kajakowy ▮ F4
  Polnischer Kanuverband
  ul. Jana Kazimierza 45 | 01-248 Warszawa
  Tel. 0 22/8 37 14 70 | www.pzkaj.pl

PADDELN AUF FLÜSSEN

Die Begegnung mit der unberührten Natur, glasklarem Wasser, in dem sich Forellen, Aale und Hechte tummeln, verträumten Seen inmitten dunkler Wälder, macht den Reiz von Kanufahrten im Norden Polens aus. Besonders beliebt sind in der Ostseeregion die Tour entlang der **Drawa** (Küddow) ▮ C2, Fahrten auf der **Parsęta** (Persante) ▮ C2 oder der **Brda** (Brahe) ▮ C–D2. Längst schon gut vermarktet ist die Kajakfahrt auf der **Krutynia** (Krutinna) in Masuren – ebenso wie die Stocherkahnfahrten von Krutyń › S. 86. Ein unvergessliches Erlebnis, für Anfänger, Fortgeschrittene oder Familien mit Kindern geeignet, ist die zehntägige Paddeltour (auch in Abschnitten zu befahren) von Sorkwity bis zum Bełdan-See.

Viel gefahren wird außerdem die Tour auf der **Czarna Hańcza**, die im Hańcza-See entspringt und in die Memel mündet ▮ G–H2. Man startet am Wigry-See oder in Stary Folwark (östlich von Suwałki) und erreicht nach rund 100 km Augustów. Dazwischen liegen die Schleusen des Augustów-Kanals und die Wälder des Wigry-Nationalparks › S. 78 (www.wigry.org.pl). Der Anblick eines im See schwimmenden Elches ist auch für erfahrene Kanuten ein seltenes, unvergessliches Erlebnis.

Kanus werden vielerorts an der Masurischen und Suwałkischen Seenplatte verliehen (mit Rücktransport). Infos erhält man unter folgenden Adressen:

- IT Giżycko ▮ G2
  ul. Warszawska 7 | Tel. 0 87/4 28 52 65
  www.gizycko.pl
- IT Augustów ▮ G2
  Rynek Zygmunta Augusta 8
  Tel. (mobil) 511 18 18 48
  www.augustow.eu/en

FLOSSFAHRTEN

Die Stromschnellen zwischen den zerklüfteten Bergen der Pieniny wirken gefährlicher, als sie sind. Von April bis Oktober werden je zehn Personen (auch Kinder) von erfahrenen Goralen auf einem Floß flussabwärts befördert, und zwar vom Anleger in Sromowce Wyżne (Parkplatz, Touristeninfo) durch die **Dunajec-Schlucht** › S. 140 an der polnisch-slowakischen Grenze, etwa 50 km nordöstlich von der Hohen Tatra, bis nach Szczawnica (18 km, ca. 2 1/4 Std.) oder nach Krościenko (23 km, ca. 2 3/4 Std.). Dieses Abenteuer zählt mit Sicherheit zu den Höhepunkten einer Südpolenreise.

- Polskie Stowarzyszenie Flisaków Pienińskich ▮ F8
  Biuro Spływu | 34-443 Sromowce Wyżne
  Reservierung: Tel. 0 18/2 62 97 93
  www.flisacy.com.pl

UNTERKUNFT

Das Unterkunftsangebot in Polens touristischen Regionen und Städten ist in den letzten Jahren deutlich vielfältiger geworden. Bei der Suche ist auch das Fremdenverkehrsamt > S. 152 behilflich.

HOTELS

Polenreisenden steht ein großes Angebot an Gästebetten zur Verfügung. Komfort ist in jeder Kategorie zu finden – von Budget- bis zu Luxushotels, klassifiziert durch Sterne.

Über 100 historische Schlösser und Herrenhäuser, die sich meistens in Familienbesitz und auf dem Land befinden, bieten als Hotels mit drei bis fünf Sternen ein besonders stilvolles Ambiente. Außerdem gibt es Boutiquehotels, die ohne Sterne, eher im gehobenen Segment und immer mit persönlicher Note geführt werden. Luxuriös sind viele der Spahotels an der Küste und in den Bergen. Die Grand Dame der polnischen Kosmetikbranche Dr Irena Eris betreibt inzwischen drei Wellnessresorts auf höchstem Niveau. Polenweit vertreten sind die internationalen Hotelketten Accor, Hilton, Marriot, Vienna, Radisson Blu, Golden Tulip und Best Western. Erfolgreich ist die polnische Gruppe Puro mit stylishen 4-Sterne-Hotels in mittlerweile sechs Städten.

Die Preise schwanken je nach Saison und Unterkunftsdauer. In Stadthotels mit vielen Kongressgästen oder Geschäftsreisenden sind Übernachtungen am Wochenende oft günstiger. Es lohnt sich auf jeden Fall ein Vergleich der Buchungsportale und den hoteleigenen Websites. In den Sommerferienregionen an der Ostsee oder den Masurischen Seen schließen manche Häuser im Winter für mindestens einen Monat.

PENSIONEN

Kleine, privat betriebene Pensionen *(pensjonat)* sind in den Zentren des Fremdenverkehrs weit verbreitet. Die Schilder »Noclegi« oder »Poko-

---

📧 **DAS PASSENDE QUARTIER FÜR DEN POLENURLAUB**

Nützliche Internetadressen für die Suche nach einer Unterkunft in Polen:
- **Unterkünfte allgemein:** www.booking.com
- **Hotels:** www.discover-poland.pl, www.polhotels.com
- **Schlösser und Herrenhäuser:** www.hhpolska.com
- **Ferienhäuser:** www.fewo24.de
- **Urlaub auf dem Bauernhof:** www.wakacje.agro.pl, www.agroturystyka.pl
- **Jugendherbergen und Hostels:** www.hihostels.com, www.hostelworld.com
- **Campingplätze und Berghütten:** obiekty.pttk.pl, www.pfcc.eu, campingfuehrer.adac.de

je« weisen darauf hin, dass Reisende hier im Wesentlichen preisgünstige Gästezimmer vorfinden.

URLAUB AUF DEM BAUERNHOF

Auch Urlaub auf dem Bauernhof *(wakacje agro)* erfreut sich in Polen großer Beliebtheit. Dies gilt besonders für Hinterpommern, die Kaschubische Schweiz, Masuren und Sudeten.

CAMPING

Polen ist ein Paradies für Camper. Die **Campingplätze** sind in drei Kategorien eingeteilt und in der Regel von Anfang Mai bis Ende September geöffnet. Fragen Sie in einer Buchhandlung in Polen nach der Karte »Campingi w Polsce«. Campingplätze der ersten und zweiten Kategorie verfügen über Plätze für Wohnmobile mit allem, was dazugehört (Stromanschluss, WLAN, Pool, Restaurant). Über die jeweiligen Websites sind Reservierungen online oder wenigstens Anfragen möglich.

JUGENDHERBERGEN UND HOSTELS

Die teils ganzjährig, teils saisonal geöffneten Jugendherbergen gewähren bei Vorlage des internationalen Mitgliedausweises 25 % Ermäßigung (www.jugendherberge. de, www.jungehotels.at, www.youth hostel.ch). Preiswerte, einfache Unterkünfte bieten auch einige Studentenwohnheime im Sommer während der dreimonatigen Semesterferien, z. B. Krakau, www.hotelestudenckie. pl. Ansonsten gibt es vor allem in größeren Städten schlichte, sehr günstige Hostels.

SCHLOSSHOTELS MIT FLAIR

- Die ehemalige Deutschordensburg **Zamek Ryn** im masurischen Ryn nahe Giżycko hat sich zur stimmungsvollen Nobelherberge gemausert. › S. 86
- **Pałac Lubostroń** €€ 🏰 D3
  Das Hotel bei Bydgoszcz › S. 111 war das Gutshaus eines der schönsten klassizistischen Schlösser Polens.
  Lubostroń | 89-210 Łabiszyn
  Tel. 0 52/3 84 46 23
  www.palac-lubostron.pl
- Das herrschaftliche **Pałac Staniszów** bei Jelenia Góra war einst das Schloss der Familie Reuß. Es ist von einem englischen Landschaftsgarten umgeben. › S. 125
- **Zamek Kliczków** €€€ 🏰 B5
  Das Schloss bei Bolesławiec (Bunzlau) ist in seiner jetzigen Form im 19. Jh. entstanden. Es bietet stilvolle Zimmer und u. a. ein Spa in ruhiger Waldlage.
  ul. Kliczków 8 | 59-724 Osiecznica
  Tel. 0 75/7 34 07 00
  www.kliczkow.com.pl
- **Pałac Myśliwski Radziwiłłów** €€ 🏰 D5
  Im Jagdschloss des Fürsten Radziwiłł bei Antonin übernachtet man etwas schlicht – dafür in einem Originalbau von Schinkel.
  Pałacowa 1 | 63-421 Przygodzice
  Tel. 0 62/7 34 83 00
  www.palac-mysliwski.pogodzi nach.net

LAND & LEUTE

STECKBRIEF

- **Fläche:** 312 683 km²
- **Einwohner:** 38,5 Mio.
- **Hauptstadt:** Warschau
- **Größte Städte:**
  Warschau (Warszawa, Hauptstadt) 1,75 Mio. Einw.;
  Krakau (Kraków) 765 000 Einw.;
  Lodz (Łódź) 697 000 Einw.;
  Breslau (Wrocław) 638 000 Einw.;
  Posen (Poznań) 540 000 Einw.;
  Danzig (Gdańsk) 464 000 Einw.
- **Landesvorwahl:** 00 48
- **Währung:** 1 Złoty (PLN) = 100 Groszy

- **Zeitzone:** MEZ (Sommerzeit + 1 Std.)

LAGE

Das heutige Staatsgebiet reicht von der Ostsee im Norden bis zu den Karpaten im Süden, von der Oder im Westen bis zum Bug im Osten. Die Republik Polen grenzt an Deutschland, Tschechien, die Slowakei, die Ukraine, Weißrussland, Litauen und die Russische Föderation (Kaliningrader Gebiet).

POLITIK UND VERWALTUNG

Polen ist eine parlamentarische Demokratie. Das Parlament besteht aus zwei Kammern: Gesetzgebendes Organ und Kontrolle der Regierung ist der Sejm, der Senat ist an der Legislative beteiligt. Oberstes Exekutivorgan ist die Regierung. Die nächste Verwaltungsebene bilden die 16 Wojewodschaften. Alle vier Jahre finden Wahlen zu Sejm und Senat statt, alle fünf Jahre wird der Staatspräsident direkt vom Volk gewählt. Amtierender Präsident ist seit 2015 der nationalkonservative Andrzej Duda, der zuvor Staatssekretär im Kabinett von Lech Kaczyński war. Der Präsident hat eine sehr aktive politische Rolle, v. a. in der Außenpolitik.

Die Entwicklung der Demokratie nach 1989 verlief dramatisch; die Uneinigkeit der zahllosen Parteien und Interessengruppen führte häufig zu Regierungskrisen. Seit Inkrafttreten der Verfassung 1997 hat sich das System stabilisiert und mit Einführung der 5-%-Klausel für Parteien und der 8-%-Klausel für Bündnisse bei Wahlen ist auch eine gewisse Kontinuität in der politischen Arbeit gewährleistet.

2005 wurden die zuvor regierenden Postkommunisten wegen ihrer Verstrickung in Skandale abgewählt. Die Regierung übernahm dann die nationalkonservative Partei PiS (Recht und Gerechtigkeit) in Koalition mit einer der beiden Bauernparteien sowie mit der rechts-extremen LPR (Liga der Polnischen Familien). Durch die EU- und deutschlandskeptische Rhetorik, aber auch wegen innenpolitischen Querelen verlor die PiS an Rückhalt in der Bevölkerung. Nach den Wahlen 2007 und 2011 bildete die liberalkonservative PO in Koalition mit der gemäßigten Bauernpartei PSL die Regierung unter Donald Tusk bis 2014. Seitdem fungiert Tusk als Präsident des Europäischen Rats. Ewa Kopacz (PO) übernahm seinen Posten bis zur Wahl im Nov. 2015. Die Partei PiS erlangte die Mehrheit und stellt daher die Regierung, die zunächst Beata Szydło anführte, seit Dez. 2017 ist Mateusz Morawiecki Ministerpräsident.

WIRTSCHAFT

Polen gehört zu den sich schnell entwickelnden EU-Ländern. Das Bruttoinlandsprodukt wächst jedes Jahr (2017: + 4,6 %). Der Złoty (PLN) ist stabil, die Inflation gering. Die Arbeitslosenquote sinkt seit Jahren (2017: 5,3 %). Aber viele Arbeitnehmer haben nur befristete Stellen mit sogenannten »Müllverträgen« (umowy śmieciowe) und etwa 2,2 Mio. polnische Staatsbürger verdienen ihr Geld im Ausland, allein knapp 1 Mio. davon in Großbritannien.

Innerhalb Polens gibt es deutliche regionale Unterschiede. Zu den Verlieren gehören die ländlichen Regionen der Wojewodschaften Karpatenvorland und Heiligkreuz, während Niederschlesien und Masowien, Städte wie War-schau, Breslau oder Posen boomen. Ausländische Investitionen fließen hauptsächlich in den Dienstleistungsektor, in Information und Telekommunikation, Elektro-, Automobil- und Lebensmittelindustrie, Forschung, Entwicklung sowie IT. Deutschland ist der größte Handelspartner. Es bleibt abzuwarten, ob und wann der EU-feindliche Kurs der Regierung den positiven Trend der polnischen Wirtschaft umkehrt. Derzeit droht die EU mit Kürzungen der Subventionen, bisher war Polen größter Nettoempfänger von EU-Hilfen.

SPRACHE

Polnisch gehört zu den westslawischen Sprachen mit einer Reihe von eigenständigen Lauten. Zu den wichtigsten zählen die weich ausgesprochenen Konsonanten, die mit einem Strich über dem jeweiligen Buchstaben oder einem hinzugefügten »i« angezeigt werden (»ń«, »ni«: das weiche »n« wie in Kognak; »ś«, »si«: etwa wie in »ich«, »dź«, »dzi«; als würde man nacheinander kurz t-sch-i sagen). Weitere Besonderheiten sind die Nasallaute »ą« und »ę« (wie in »Bonbon« und »Cousin«) sowie das »ł«, dessen Aussprache an das englische »w« erinnert (»well«). »Ó« wird wie »u« ausgesprochen.

Die meisten der Zischlaute können in deutscher Phonetik umschrieben werden: »sz« = »sch«, »cz« = »tsch«, »rz« und »ż« (gleicher Laut) = »g« in Sergeant oder »j« in Journalist. Es fehlt noch das »szcz« = »schtsch«.

GESCHICHTE IM ÜBERBLICK

966 Mieszko I., ein mächtiger Häuptling der in der Region Posen lebenden Polanen, lässt sich taufen. Mit seinem Übertritt zum Christentum stellt er sich unter den Schutz Roms und dehnt seinen Staat aus (Schlesien und Krakau).

1025 Bolesław I. Chrobry (der Tapfere), der Sohn Mieszkos, zeitweise Herr über die Lausitz, Böhmen und Kiew, lässt sich zum ersten König von Polen krönen.

1138 Nach dem Tode von Bolesław III. Krzywousty (Schiefmund) erben seine vier Söhne je einen Teil seines Reichs. Der Herrscher über Krakau ist politisch mächtiger als die anderen. Diese Regelung beschert Polen langwierige innere Kämpfe und macht es außenpolitisch bedeutungslos.

1225 Konrad I. von Masowien ruft den Deutschen Orden gegen die heidnischen Prußen zu Hilfe.

1320 Władysław Łokietek, Fürst von Sieradz, gelingt die Wiedervereinigung eines Großteils des polnischen Gebietes. Er lässt sich zum König krönen.

1333 Kazimierz Wielki (Kasimir III. der Große) übernimmt von seinem Vater die Krone. Er verdoppelt seinen Herrschaftsbereich und macht durch die Ostexpansion aus Polen einen Vielvölkerstaat.

1386 Litauen und Polen werden durch die Heirat des litauischen Großfürsten Jagiełło mit der polnischen Königin Jadwiga (Hedwig von Anjou) vereinigt. Unter der Jagiellonen-Dynastie kommt es zu einer kulturellen und wirtschaftlichen Blüte.

1466 Zweiter Thorner Frieden mit der Aufteilung des Ordenslandes Preußen und der Einverleibung des reichsten Teils von Preußen (»Königliches Preußen«) durch Polen, einschließlich der autonom regierten Städte Danzig, Elbing und Thorn.

1569 Es entsteht nach einem 100-jährigen Prozess des Zusammenwachsens der Doppelstaat Polen-Litauen. Warschau ist Sitz des gemeinsamen Reichstages, des Sejm.

1573–1791 Zeit der Wahlkönige: Nicht die Erbfolge, sondern die Wahl durch den Adel bestimmt den König.

1683 Schlacht am Kahlenberg. Der polnische König Jan III. Sobieski schlägt mit seinem polnisch-österreichisch-bayerischen Entsatzheer die Türken unter dem Großwesir Kara Mustafa bei Wien und rettet somit die Stadt.

1697–1763 Personalunion zwischen Polen-Litauen und Sachsen unter August II. dem Starken und seinem Sohn August III.

1772, 1793, 1795 In den drei Teilungen Polens wird das Land unter seinen absolutistischen Nachbarn Preußen, Österreich und Russland aufgeteilt.

1830/31, 1863/64: Beide, November- und Januaraufstand, richten sich gegen die Fremdherrschaft der

Russen und zunehmende Russifizierung, sie werden von der Armee des Zarenreichs blutig niedergeschlagen.

1918 Nach der Revolution in Russland und dem Ende des Ersten Weltkriegs entsteht Polen neu. Marschall Józef Piłsudski ist politisch bestimmend.

1939 Mit dem Überfall deutscher Truppen auf Polen am 1. Sept. beginnt der Zweite Weltkrieg; am 17. Sept. marschiert die Rote Armee in Ostpolen ein. Nach Deutschlands Angriff auf die Sowjetunion 1941 steht ganz Polen unter deutscher Besatzung, die fast 6 Mio. polnischen Bürgern das Leben kostet.

1945 Die Siegermächte einigen sich in Jalta und Potsdam auf die neuen Grenzen Polens. Stalins Wunsch, das Staatsgebiet von Ost nach West zu verschieben, wird entsprochen. Bald übernehmen die Kommunisten – offiziell die Polnische Vereinigte Arbeiterpartei PZPR – die Herrschaft im Land.

1981 Regierungschef General Wojciech Jaruzelski ruft am 13. Dez. das Kriegsrecht aus. Die aus den Streiks ein Jahr zuvor hervorgegangene freie, rund 10 Mio. Mitglieder starke, Gewerkschaft Solidarność strebt unter der Führung des Danziger Werftarbeiters Lech Wałęsa die Demokratisierung des Landes an.

1989 Angesichts des Umwandlungsprozesses in der Sowjetunion und des wirtschaftlichen Chaos verhandelt die kommunistische Führung mit der Opposition und

Ausstellung im Europäischen Zentrum der Solidarität in Danzig

lässt im Juni freie Wahlen abhalten. Der Kandidat der Solidarność, Tadeusz Mazowiecki, wird Ministerpräsident. Der Aufbau der parlamentarischen Demokratie und der Marktwirtschaft beginnt.

1997 Die neue Verfassung wird verabschiedet.

1999 Polen tritt der NATO bei.

2004 Polen tritt der EU bei.

2005 Rechtsruck nach den Wahlsiegen der PiS-Partei »Recht und Gerechtigkeit« Lech Kaczyński als Präsident und sein Bruder Jarosław als Ministerpräsident leiten eine europaskeptische, betont nationale Politik ein.

2007 PiS wird abgewählt. Die Bürgerplattform (PO) stellt die Regierung mit Donald Tusk (2011 wiedergewählt). Im Dezember tritt das Schengener Abkommen in Kraft.

2010 Tod des Präsidenten Lech Kaczyński bei einem Flugzeugabsturz nahe Smolensk, Russland.

2014 Donald Tusk wird Präsident des Europäischen Rats (Wiederwahl 2017).

2015 Die nationalkonservative Partei PiS setzt sich durch und gewinnt bei den Parlamentswahlen die absolute Mehrheit, Beata Szydło wird Ministerpräsidentin.

2016 Medien- und Justizreformen gefährden die Gewaltenteilung und Rechtsstaatlichkeit in Polen. Einwände der EU werden ignoriert. Breslau ist europäische Kulturhauptstadt.

2017 Der Europäische Gerichtshof verfügt Abholzungsstopp im Nationalpark Białowieża. Mateusz Morawiecki übernimmt den Ministerpräsidentenposten.

2018 Die extreme Sommerhitze fördert giftige Blaualgen, an der Ostseeküste wird teilweise ein Badeverbot verhängt.

NATUR & UMWELT

Polen ist vorwiegend flach, zwei Drittel des Landes liegen nicht höher als 200 m über dem Meeresspiegel. Die Seenplatten im Norden sind das Erbe eiszeitlicher Gletscher.

Das sich anschließende, stark landwirtschaftlich geprägte mittelpolnische Tiefland geht im Süden in Hochebenen über, Reste eines uralten, im Laufe der Jahrmillionen abgeschliffenen Gebirgsmassivs. Polen wird im Süden durch das Karpatengebirge sowie die Sudeten begrenzt. In der Hohen Tatra, einem Bergkamm der Karpaten, erhebt sich der Rysy. Er ist mit 2503 m der höchste Gipfel des Landes.

Fast ein Drittel Polens ist von Wäldern bedeckt – Lebensraum für zahlreiche Tierarten, darunter Braunbären, Luchse, Wildkatzen, Elche und Wölfe. Der **Białowieża-Nationalpark** (Białowieski Park Narodowy) › S. 105, der seine Fortsetzung jenseits der polnischen Grenze in Weißrussland findet, ist ein geschützter, dichter Urwald, in dem bis heute Wisente leben.

Polen ist ein Paradies für Vogelfreunde. Bei einer Fahrt durch Ermland-Masuren sieht man zahlreiche Störche, die auf Hausgiebeln und Kirchtürmen in wagenradgroßen Nestern ihre Jungen heranziehen. Der **Nationalpark Biebrza** (Biebrzański Park Narodowy), ein riesiges, zusammenhängendes Sumpfgebiet im Nordosten Polens, trägt den Kampfläufer in seinem Wappen und ist auch wegen bedrohter Vogelarten wie der Trauerseeschwalbe oder dem Seggenrohrsänger ein Traumziel für Ornithologen. Und im **Wolliner Nationalpark** (Woliński Park Narodowy) an der Ostseeküste kann man Seeadler, die größten Greifvögel Mitteleuropas, in freier Natur beobachten.

Auch wenn Polen auf 23 Nationalparks verweisen kann, und die Umwelt-
situation im oberschlesischen Industrierevier sich seit Ende des 20. Jh. auffallend verbessert hat, setzt die polnische Politik weiterhin auf die her-
kömmliche Energieversorgung durch Stein- und Braunkohle. Erneuerbare
Energien wie Biomasse, Wind- und Wasserkraft gewinnen nur langsam an
Bedeutung.

DIE MENSCHEN

**Die überwiegende Mehrheit der Bevölkerung Polens ist katholischen
Glaubens. Diese inzwischen als Selbstverständlichkeit erscheinende Ho-
mogenität ist in der tausendjährigen Geschichte des Landes aber eher
ein Ausnahmezustand.**

Polen war viele Jahrhunderte hindurch ein Vielvölkerstaat, in dem neben
Polen auch Russen, Weißrussen, Ukrainer, Slowaken, Letten, Litauer und
Juden ihre Heimat hatten. Auch viele Deutsche, vor allem Preußen und
Schlesier, lebten im polnischen Königreich.

Erst als Ergebnis des Zweiten Weltkriegs entstand ein einheitlich polnischer Nationalstaat – ein schmerzlicher Prozess, vor allem für die Bewohner
sowohl im deutschen als auch polnischen Osten. Das polnische Staatsgebiet
wurde zugunsten der Sowjetunion von Osten nach Westen verschoben, sodass unzählige Polen und Deutsche ihre Heimat verlassen mussten.

Das Verhältnis zu den in Polen lebenden deutschen, ukrainischen und
weißrussischen Minderheiten hat sich jedoch, seit die polnischen Staats-
grenzen von allen Seiten als unverrückbar anerkannt worden sind, deutlich
verbessert.

RELIGION

Die immense Rolle, die in Polen die katholische Kirche spielt, resultiert aus
der Geschichte: Oft genug musste die Kirche die Rolle des Staates mit übernehmen, und dies nicht allein in Zeiten, als gar kein polnischer Staat exis-
tierte. Von 1945 bis 1989 war sie die einzige vom atheistisch-sozialistischen
System unabhängige Institution. An der Demontage dieses Systems mitbe-
teiligt war Karol Wojtyła, der 1978 bis 2005 als Papst Johannes Paul II. am-
tierte. Er war eine Persönlichkeit, die quer durch alle sozialen Schichten und
politischen Lager, auch nach seinem Tode, heute noch höchstes Ansehen
genießt, was auch seine Heiligsprechung 2014 unterstreicht.

Zu den konfessionellen Minderheiten zählen die orthodoxen Ukrainer,
die polnischen Protestanten aus dem Olsagebiet und jüdische Gemeinden
in Warschau, Krakau, Łódź, Breslau, Kattowitz, Stettin.

KUNST & KULTUR

Jahrzehntelang war man in Polen stolz darauf, das Land mit dem höchsten Pro-Kopf-Etat für Kultur zu sein. Doch diese goldenen Zeiten sind zusammen mit dem Sozialismus untergegangen.

Darstellende und bildende Künste, Musik und Literatur sind hier wie anderswo dem harten Wind der Marktwirtschaft ausgesetzt. Dennoch genießen insbesondere Theater, Film sowie Jazz, klassische Moderne und Neue Musik aus Polen auch im Ausland hohe Anerkennung.

LITERATUR UND MALEREI

Die polnische Literatur hat bisher vier Nobelpreisträger hervorgebracht: Henryk Sienkiewicz (1905), Władysław Reymont (1924), Czesław Miłosz (1980) und Wisława Szymborska (1996). Die größten Auflagen aber erzielten Autoren wie der Lyriker Stanisław Jerzy Lec, der Science-Fiction-Altmeister Stanisław Lem sowie der Essayist Ryszard Kapuściński. Die jüngere Generation der renommierten Schriftsteller, darunter Andrzej Stasiuk, Olga Tokarczuk und Dorota Masłowska, setzt sich intensiv mit der postkommunistischen Ära und Subkulturen auseinander.

Aufsehen erregte seit den 1960er-Jahren die polnische **Plakatschule.** Ihre führenden Vertreter – Jan Lenica, Franciszek Starowieyski, Waldemar Świerzy – erhoben die Gebrauchsgrafik in den Rang einer Kunstgattung.

FILM UND THEATER

Zum klassischen polnische Repertoire gehören Adam Mickiewicz (1798–1855), Juliusz Słowacki (1809 bis 1849) und Stanisław Wyspiański

---

💬 VIVA POLONIA

Er sei in Polen nach dem (Ex-) Papst Benedikt XVI. der zweitbekannteste lebende Deutsche, scherzt der Wuppertaler Kabarettist und polnische Fernsehstar **Steffen Möller.** In seinem Bestseller »Viva Polonia – Als deutscher Gastarbeiter in Polen« (Neuauflage Piper 2018) schrieb er seine Erfahrungen nieder. Er blickt schmunzelnd und kritisch auf Deutschlands östliche Nachbarn, pointiert die polnischen Komplexe sowie Werte: den Hang zu Anarchie und Dramatik, aber auch Bescheidenheit, Vorrang der Familie, Religiosität, Küche, Korruption und Komplimente. Ebenso amüsant räumt Möller auch in seinen Büchern »Expedition zu den Polen – Eine Reise mit dem Berlin-Warszawa-Express« (Piper 2013) und »Viva Warszawa – Polen für Fortgeschrittene« (Piper 2015) mit den Klischees auf.

(1869–1907). Neue, weltweit beachtete Akzente setzten in der zweiten Hälfte des 20. Jhs. die Avantgardisten Jerzy Grotowski (1933–1999) mit seinem »armen Theater« in Breslau sowie der Krakauer Tadeusz Kantor (1915 bis 1990) mit seinem absurden Theater »Cricot 2«. International als Regisseur gefragt ist Krzysztof Warlikowski (geb. 1962), vor allem an Opernbühnen.

Polnische Kultfilme schufen Marek Piwowski (geb. 1935), Krzysztof Zanussi (geb. 1939), Krzysztof Kieslowski (1941–1996), Andrzej Wajda (1926 bis 2016) und der später emigrierte Roman Polański (geb. 1933) – allesamt Absolventen der Filmhochschule Łódź, die bei Festivals regelmäßig Auszeichnungen einheimst, auch mit Animationsfilmen.

Immer wieder sorgen polnische Filme international für Aufsehen. Im Jahr 2015 erhielt das schwarz-weiß gedrehte Drama »Ida« des in England lebenden Regisseurs Paweł Pawlikowski (geb. 1957) den Oscar für den besten fremdsprachigen Film. Thematisiert werden Antisemitismus, Katholizismus und Stalinismus im Polen der 1960er-Jahre.

MUSIK

Der berühmteste Musiker der polnischen Musikgeschichte ist Frédéric Chopin (1810–1849). Aber auch Polens moderne und neue Musik findet weltweit Beachtung. Kompositionen von Witold Lutosławski (1913–1994), Krzysztof Penderecki (geb. 1933) und Henryk Mikołaj Górecki (1933 bis 2010), z. B. die »Dritte Symphonie«, ebenso wie Werke seines Sohnes Mikołaj Górecki (geb. 1971) zählen zum Repertoire international renommierter Orchester.

Neben der klassischen Musik ist »Polish Jazz« seit den 1950er-Jahren ein fester Begriff. Eine Tradition, die der ebenfalls international erfolgreiche Trompeter Tomasz Stańko (1942–2018) fortsetzte und der sich der umtriebige Pianist Leszek Możdżer (geb. 1971) verpflichtet fühlt.

🗨 POLENS GOETHE

Nachdem die polnische Adelsrepublik untergegangen war, übernahmen die Künstler die Rolle nationaler Führer. Der größte polnische Romantiker, **Adam Mickiewicz** (1798–1855), besang die Freiheitskämpfer und zeichnete in seinem Epos »Herr Thaddäus« (1834) ein idealisiertes Bild der polnisch-litauischen Adelsrepublik, dem Staat vor den Teilungen. Mickiewicz lebte übrigens wie viele andere polnische Schriftsteller, Maler und Musiker (z. B. Frédéric Chopin) in Paris. Seine mit Goethe in Deutschland vergleichbare Stellung erkennt man an den zahlreichen Mickiewicz-Denkmälern.

Welche Bedeutung er heute noch besitzt, wird deutlich, wenn man bedenkt, dass das polnische Kulturinstitut Instytut Adama Mickiewicza (iam.pl) in seinem Namen polnische Kultur weltweit vermittelt.

FESTE & VERANSTALTUNGEN

Das reiche Musikleben des Landes drückt sich in vielen Festivals aus, die alle Musiksparten abdecken, von Klassik über Jazz und Rock bis hin zu Folklore und Ethnoklängen.

Zu Ehren des größten Sohnes des Landes findet alle fünf Jahre (das nächste Mal im Jahr 2020) der renommierte Warschauer Chopin-Wettbewerb statt (pl.chopin.nifc.pl). Aktuelle Infos zu Festivals und Kulturveranstaltungen im ganzen Land findet man z. B. unter www.polen.travel/de/calendar.

FESTKALENDER

März/April: Zu Ostern finden auf dem Kalvarienberg von Kalwaria Zebrzydowska (> S. 128) die berühmtesten **Passionsspiele** des Landes statt. Das **Festival Misteria Paschalia** in Krakau widmet sich um Ostern herum der Alten Musik (www.misteriapaschalia.com).

April: Jazzfreunde treffen sich beim traditionsreichen Festival **Jazz nad Odrą** (Jazz an der Oder) in Breslau (www.jazznadodra.pl).

Mai/Juni: Festiwal Muzyki Filmowej, große Orchester spielen Filmmusik in Krakau (www.fmf.fm).

Juni: Das **Orange Festival** auf der Pferderennbahn Służewiec in Warschau gehört mit Auftritten nationaler und internationaler Stars und Bands, die an zwei Tagen zwei Bühnen bespielen, zu den größten Musikevents des Landes (orangewarsawfestival.pl). In der **Johannisnacht** (24. 6.) lässt man nach Einbruch der Dunkelheit Kränze mit brennenden Kerzen *(wianki)* auf Flüssen und Seen schwimmen. Volksfeste, Bootsparaden und Feuerwerke sorgen im ganzen Land für eine ausgelassene Stimmung. Das **Malta Festival Poznań** unterhält an diversen Orten der Stadt mit Theater, Tanz, Musik, Kino (malta-festival.pl).

Juni/Juli: Das **Festival der Jüdischen Kultur** im Krakauer Stadtteil Kazimierz lockt von Jahr zu Jahr mehr Besucher an, und das nicht nur zum nächtlichen Abschlusskonzert auf der Ilica Szeroka (www.jewishfestival.pl). Die Warschauer Kammeroper veranstaltet **Mozartfestspiele** mit Opernaufführungen und Konzerten an prominenten Orten in der Stadt, u. a. Schlössern, Kirchen und Museen (www.operakameralna.pl).

Juli: Anfang des Monats laufen die Segelschiffe der Ostseeregatta **Baltic Sail** in Danzig ein, begleitet von einem bunten Hafenfest. > mehr S. 12 Punkt ❶ Rittervereine treffen sich am 15. Juli in Grunwald (bei Olsztyn), um die **Schlacht von Tannenberg** aus dem Jahr 1410 nachzustellen – mit Tausenden Akteuren und Zehntausenden Besuchern (www.grunwald1410.pl). **Eurofolk Zamość** führt Folkloregruppen aus aller Welt nach Ostpolen, mit Tanz, Musik und Kunsthandwerk (www.zamojszczyzna.com.pl/eurofolk). **Warsaw Summer Jazz Days** mit nationalen und internationalen Jazzgrößen (adamiakjazz.pl). Das Festival **Piknik Country & Folk** wird am letzten Wochenende in Mrągowo ausgiebig im städtischen Amphitheater am Jezioro Czos gefeiert (www.it.mragowo.pl). > mehr S. 12 Punkt **5**

Juli/August: Das **Internationale Orgelmusikfestival** in der Kathedrale von Danzig-Oliwa begeistert das Publikum einen Monat lang (Di und Fr um 20 Uhr, www.filharmonia.gda.pl). Polens größte und traditionsreichste **Marktveranstaltung** in Danzig dauert drei Wochen (www.jarmarkdominika.pl). Anfang August findet das **Pol'and'Rock**, Polens größtes Open-Air-Festival, bei Kostrzyn statt. > mehr S. 12 Punkt **3** Zum **Top of the Top Festival Sopot** strömen Fans von Schlager- und Popmusik in die Waldbühne (topofthetop.pl). **Festiwal Słowian i Wikingów,** das Wikingerfestival auf Wolin, entpuppt sich als Mittelalterspektakel (www.jomsborg-vineta.com).

Ein Erlebnis ist das **Fest der Verklärung Christi** im orthodoxen Kloster Grabarka bei Siemiatycze, wenn in der Nacht des 18./19. 8. die Pilger Holzkreuze auf den Hl. Berg schleppen.

September: Wratislavia Cantans ist das internationale klassische Chorfestival in Breslau (www.wratislaviacantans.pl). Der **Warschauer Herbst** ist ein international renommiertes Treffen zeitgenössischer Musik (warszawska-jesien.art.pl).

Oktober: *Das* Event für Fans ist das **Jazz Jamboree** in Warschau (www.adamiakjazz.pl).

Dezember: Der **Krakauer Krippenwettbewerb** auf dem Marktplatz findet am ersten Donnerstag statt – anschließend Krippenausstellung (bis Feb.) im Stadtmuseum.

Das alljährlich in Kazimierz (Krakau) stattfindende Festival der Jüdischen Kultur ist immer gut besucht

ESSEN & TRINKEN

Bodenständige, deftige Gerichte, die Fleisch als Grundlage haben, sind für die polnische Küche typisch. Zu einigen Fleischspeisen wird Buchweizengrütze *(kasza gryczana)* serviert.

Kartoffeln, Brot und Gemüse spielen eine große Rolle. Zum Frühstück und Abendessen wird gern Wurst *(kiełbasa)* gereicht. Die Zeiten der fettigen sozialistischen Einheitswurst sind längst vorbei – und die Vielfalt ist mit rund 240 Sorten ansehnlich (z. B. Krakauer, Graupenblutwurst und schlesische Spezialitäten).

SUPPEN

Die Polen seien europaweit die größten Suppenesser, heißt es landläufig. Beliebt ist *barszcz* (Rote-Bete-Suppe). Sie wird an Feiertagen, z. B. Weihnachten, gern mit Fleischtäschchen, den sogenannten Öhrchen *(uszka)*, serviert. Ansonsten wird die Suppe meistens ohne jede Einlage als klare Brühe genossen.

Das junge Grün der Roten Bete liefert die Basis einer anderen Barszcz-Sorte, der *botwinka*. Im Sommer sollten Sie *chłodnik* probieren, eine köstliche Kaltschale aus Roter Bete, Kefir, Gurken, Schinken und einem hartgekochten Ei.

Auch *Żurek* (saure Mehlsuppe aus vergorenem Roggenschrot), *grochówka* (Erbsensuppe) und *ogórkowa* (Gurkensuppe) sind beliebt. An den allgegenwärtigen *flaki* (Kuttelsuppe) scheiden sich die Geister.

BARSZCZ UND BIGOS

Zu den allseits beliebten polnischen Gerichten gehören die verschiedenen Sorten von *barszcz* (Rote-Bete-Suppe). Die Suppe wird aus Rüben oder Blättern, klar oder püriert, gekocht, warm oder kalt, mit oder ohne Einlage genossen.

Für bigos, das traditionelle Eintopfgericht, gibt es die unterschiedlichsten Varianten, aber unbedingt gehören Sauerkraut, Speck, Schweine- und/oder Rindfleisch zu etwa gleichen Teilen dazu. Nach mehrfachem Erwärmen schmeckt es am besten.

Barszcz ist ein polnisches Nationalgericht

EIN MENÜ

Wenn Ihnen Tatar oder Hering in Sahne als Vorspeisen nicht zusagen, wenden Sie sich am besten den Suppen zu. Der üppige Hauptgang eines polnischen Menüs besteht meistens aus viel Fleisch mit etwas Gemüse. Geflügel, z. B. *kaczka po staropolsku* (Ente mit Äpfeln), und Wild *(dziczyzna)* mit Preiselbeeren sind ebenfalls beliebt. Und bei so viel Wasser wird oft Fisch *(ryba)* serviert, z. B. an der Küste Heilbutt *(halibut)* und Dorsch *(dorsz)*, an den Seen Zander *(sandacz)* und Forelle *(pstrąg)*.

Vegetarier können sich leckere *pierogi*, gefüllte Teigtaschen mit Kartoffeln und Pilzen, bestellen.

Als Nachtisch wird gern Kuchen oder Pudding gereicht.

GETRÄNKE

Tee *(herbata)* und Kaffee *(kawa)* werden gewöhnlich jedem Besucher angeboten. Den Kaffee trinkt man daheim manchmal noch auf türkische Art aufgebrüht, *po turecku*.

Seit dem Mittelalter ist Met bzw. Honigwein in Polen beliebt. *Miód pitny* wird als *dwójniak* (halb Wasser, halb Honig) oder als »Trójniak« (ein Drittel Honig, zwei Drittel Wasser) verkauft. Das Weinangebot entspricht sonst dem in deutschen Restaurants.

Die meist getrunkenen Alkoholika sind *wódka* und Bier *(piwo)*. Landesweit bekannte Marken heißen Tyskie, Lech, Okocim und Żywiec. Ein großes Bier (0,5 l) wird als *jedno duże* bestellt, ein kleines (0,33 cl) als *jedno małe*.

DIE BESTEN RESTAURANTS

- Das **ritz** in Danzig kreiert Menüs je nach Saison und kombiniert Klassiker der polnischen Küche und weltgewandte Leichtigkeit, z. B. Rote-Bete-Flocken mit Ziegenkäse, hausgemachtes Eis und erlesene Weine. › S. 61
- Das Stettiner Brauhaus **Browar Stara Komenda** überzeugt nicht nur mit seinem Bier, sondern auch mit altpolnischen Gerichten, wie Eisbein *(golonka)* oder Rippchen *(żeberka)*. › S. 74
- Das **Zielony Niedźwiedź** (Grüner Bär) in Warschau pflegt mit seiner innovativen Küche den Slow-Food-Gedanken › S. 102
- In Łódź überzeugt das **Polka** mit gemütlichem Ambiente und einer großen Auswahl an Nationalgerichten, etwa Kohlrouladen *(gołąbki)* mit Buchweizengrütze *(kaszą gryczaną)*. › S. 106
- Das **Karczma Lwowska** in Breslau serviert Lemberger Spezialitäten wie Pfifferlinge, Kaninchen oder Brotsuppe. › S. 122
- Speisen wie einst der polnische Adel bietet das **Wierzynek** in Krakau mit modern inspirierten Gerichten, die vom 16. bis 18. Jh. bei Hofe kredenzt wurden, z. B. exzellentes Wild und Ente mit Met und Tokai-Weinen. › S. 138
- Typische Goralenküche z. B. den Räucherkäse *oscypek*, gegrillt mit Preiselbeeren, serviert die **Karczma Czarci Jar.** › S. 142

Natur pur findet man in der Hohen Tatra am Morskie Oko (Meeresauge)

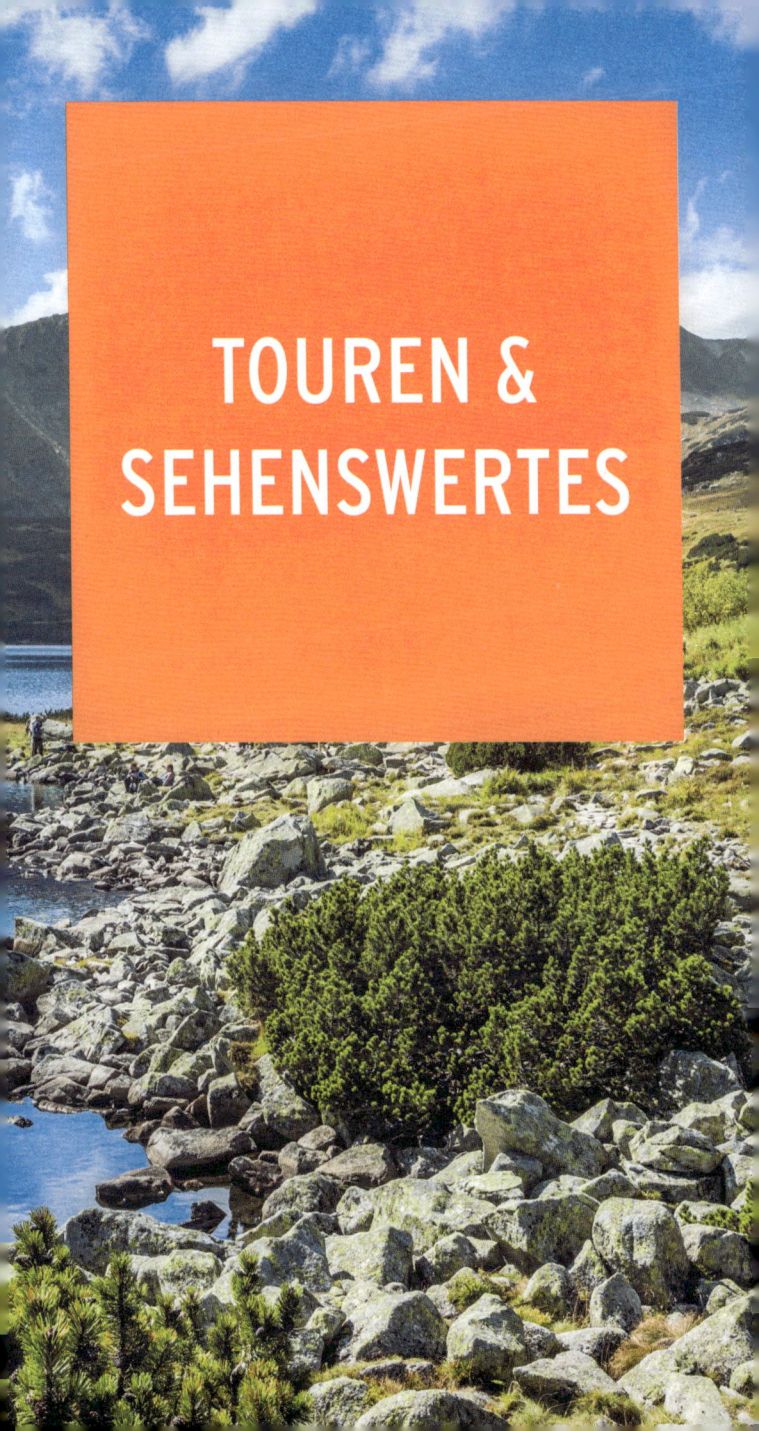

TOUREN &
SEHENSWERTES

DIE OSTSEE-KÜSTE

Die Seebrücke (Molo) in Sopot ist
mit 511 m die längste Europas

Polens Ostseeküste bietet eine ideale Kombination aus Badevergnügen und Spaziergängen an endlosen Stränden sowie spannende Städtetouren in Danzig und Stettin und natürlich die imposante Marienburg.

Ausspannen und Seeluft schnuppern – die Ostseeküste mit ihren kilometerlangen breiten Sandstränden bietet dafür beste Bedingungen. Im Hochsommer platzen nicht nur die bekannten Küstenorte zwischen Stettin und Danzig, wie Kolberg (Kołobrzeg), Darłowo (Rügenwalde) und Hel, sondern auch die Dörfer in Strandnähe aus allen Nähten. Dennoch dürfte jeder hier sein privates Strandparadies finden. Touristisch ist die Region sehr gut erschlossen. Wer gerne zeltet, hat die Wahl unter dicht gesäten Camping- und Biwakplätzen.

Die zwei wichtigsten Städte an der Ostsee sind Stettin, die Hauptstadt des heutigen Westpommerns, und Danzig. Wenn auch im Zweiten Weltkrieg stark in Mitleidenschaft gezogen, bietet Stettin einige bedeutende Bauwerke und viel großstädtisches Flair. Touristisch gesehen bedeutender ist aber zweifellos Danzig. Von 1920 bis 1939 war die mehrheitlich von Deutschen bewohnte Hansestadt, zusammen mit den umliegenden Gebieten des Weichselwerders, eine Freistadt, in der der Vertreter des Völkerbundes residierte. Im Zweiten Weltkrieg in Schutt und Asche gelegt und nach dem Krieg auf bewundernswerte Weise wiederaufgebaut, lockt Danzig heute mit der grandiosen Kulisse der Rechtstadt. Und von hier ist eine der wichtigsten Sehenswürdigkeiten des Landes rasch zu erreichen: die berühmte Marienburg.

Naturparadiese wie die einzigartigen Wanderdünen von Łeba im Słowiński-Nationalpark versprechen ungewöhnliche Landschaftserlebnisse, und im kaschubischen Hinterland gibt es die besten Fahrradstrecken der Region. Sanfte Hügel, Wälder und Seen laden zu einer individuellen Entdeckungsreise ein – sieben Tage sollten Sie mindestens dafür einplanen.

Danziger Hausfassade

TOUREN IN DER REGION

TOUR 1

ENTLANG DER OSTSEESTRÄNDE

> **ROUTE:** Świnoujście › Międzyzdroje › Kołobrzeg › Darłowo › Łeba › Hel › Sopot › Piaski

> **KARTE:** Seite 52/53
> **DAUER:** ca. 1 Woche
> **PRAKTISCHE HINWEISE:**
> - Ein Kfz ist unabdingbar, die Entfernung beträgt 500 km (inkl. Halbinsel Hel 535 km).
> - Seit Polen zum Schengenraum gehört, kommt man auch per Kfz vom deutschen in den polnischen Teil Usedoms.
> - Świnoujście liegt auf Usedom und Wollin, eine Autofähre (für Fußgänger kostenlos) verbindet beide Inseln.
> - Über weite Strecken führen die Straßen nicht an der Küste entlang, sodass man zum Strand hin immer wieder Abstecher machen muss.

TOUR-START:

Am ersten Tag geht es von **Świnoujście** auf Usedom nach Wollin. Die Ostseeinsel in der Odermündung mit dem mondänen Badeort **Międzyzdroje 10** › S. 70 und seinem Nationalpark bietet herrliche Wanderwege.

Am nächsten Tag führt die Route entlang Steilküste mit relativ ruhigen Badeorten und langen Sandstränden in Pobierowo, Trzęsacz, Rewal und Niecorze. In **Trzęsacz** balanciert die Ruine einer gotischen Kirche, abgestützt durch Mauern, am Rand der Klippen. Über die mittelalterliche Stadt **Trzebiatów** (Treptow) im Landesinneren er-

TOUREN AN DER OSTSEEKÜSTE

reicht man die Küste erneut in **Mrzeżyno,** dem Lieblingsort des deutsch-amerikanischen Malers Lyonel Feininger (1871–1956). Tausende von Urlaubern bevölkern im Sommer die Strände von **Kołobrzeg 9** › S. 67 (Übernachtung), **Ustronie Morskie, Mielno** und **Łazy.** Nächste Station ist **Darłowo** (Rügenwalde). Hier besichtigt man eine Burg der pommerschen Herzöge, die spätgotische Marienkirche mit dem Grab König Eriks I. und

die eigenwillige achteckige Friedhofskirche St. Gertruden. Wen es nach dem Kulturprogramm wieder mehr in die Natur zieht, der fährt weiter bis **Łeba 6** › S. 65. Von hier lockt ein Ausflug in den **Słowiński-Nationalpark** (2 Tage).

Über kleine Nebenstraßen, vorbei an den wunderschönen Stränden von **Dębki** und **Karwia,** gelangt man nach **Jastrzębia Góra.** Von hier lohnt sich ein Abstecher zum nördlichsten Punkt Polens, dem

TOUR ①

ENTLANG DER
OSTSEESTRÄNDE

Świnoujście › Międzyzdroje › Kołobrzeg
› Darłowo › Łeba › Hel
› Sopot › Piaski

TOUR ②

RADTOUR DURCH
KASCHUBIEN

Kartuzy › Chmielno
› Miechucino › Linia
› Lębork

TOUR ③

WANDERUNG IM
SŁOWIŃSKI-
NATIONALPARK

Rowy › Gardno-See
› Czołpino › Lonzker
Düne › Łeba

An der Ostseeküste dienen Buhnen als Küstenschutz

rung (Mierzeja Wiślana) aus. Das einzige Seebad **Krynica Morska** (Kahlberg) lockt mit langen, breiten Sandstränden an der Ostsee, bevor im Ortsteil **Piaski** der Grenzzaun die Weiterreise nach Russland versperrt.

TOUR 2

RADTOUR DURCH KASCHUBIEN

ROUTE: Kartuzy › Chmielno › Miechucino › Linia › Lębork

KARTE: Seite 52/53
DAUER: 1 Tag
PRAKTISCHE HINWEISE:
- Man fährt von Danzig aus mit dem Zug (Fahrradmitnahme) zum Startpunkt in Kartuzy und vom Tourende in Lębork dann wieder mit dem Zug zurück nach Danzig.
- Die Tour führt überwiegend über wenig befahrene Landstraßen, bis auf einige kurze Strecken geht es meist bergab.
- Nehmen Sie Proviant mit, unterwegs gibt es keine Restaurants. Wasser bekommt man aber in den Geschäften an der Strecke.

---

durch einen Leuchtturm markierten **Kap Rozewie** (Rixhöft). Anschließend geht es über Władysławowo auf die **Halbinsel Hel** › S. 64, die die seichte **Putziger Wiek** (Zatoka Pucka) und damit einen kleinen Teil der Danziger Bucht von der Ostsee abschirmt. Kiefernbewachsene Dünenreihen und breite Sandstrände säumen die Halbinsel zum Meer hin. Auf der Hauptstraße, die längs über Hel führt, staut sich im Sommer regelmäßig der Verkehr, eine Alternative ist die Bahnlinie bis zur Ortschaft Hel (z. B. von Danzig).

Schöne Sandstrände erstrecken sich auch an der Putziger Wiek und an der Danziger Bucht, so im traditionsreichen **Sopot** (Zoppot) **2** › S. 62, einem beliebten Ausflugsort der Danziger mit lebhaftem Nachtleben. Die letzten 35 km macht der polnische Teil der **Frischen Neh-**

TOUR-START:

Diese Radtour führt durch die landschaftlich ausgesprochen reizvolle Kaschubische Schweiz (Szwajcaria Kaszubska) mit ihren ursprünglichen Dörfern, Wäldern und Seen. Ihr Name spielt auf die Höhenunterschiede an: Der Wieżyca ist mit seinen 329 m die höchste Erhebung der nordeuropäischen Tiefebene zwischen Schleswig und dem Baltikum.

In **Kartuzy** (Karthaus) sind die Kartäuserkirche (14. Jh.) und das Kaschubische Museum unbedingt einen Besuch wert. Von dort radelt man zunächst auf einer größeren Straße Richtung Bytów nach **Rȩboszewo**. Über das bekannte Töpferdorf **Chmielno** und am See **Raduńskie Dolne** entlang geht es weiter, bis die Straße nach etwa 9 km an einer T-Kreuzung endet. Hier hält man sich rechts in Richtung **Miechucino.** Der Weg schlängelt sich zunächst nach oben, vorbei an einem historischen Bahnhof vom Ende des 19. Jh. Eine längere Abfahrt führt nach **Mirachowo,** wo ein aus Holz erbautes Gutshaus aus dem 18. Jhs. Aufmerksamkeit verdient. Weiter geht es durch das malerische **Łeba-Tal** Richtung Strzepcz nach **Miłoszewo.** Von hier aus folgt man den Hinweisschildern Richtung Linea, zunächst steil bergauf, dann über eine bequeme Schotterpiste bis in den kleinen Weiler **Głodnica.** Weiter geht es danach bis **Linia,** dann etwa 18 km über **Zakrzewo, Popowo** und **Dziechno** immer in Richtung **Lȩbork** (Lauenburg). Die letzten 6 km durch den Wald bieten die vielleicht schönste Abfahrtstrecke in ganz Nordpolen. Am städtischen Friedhof angelangt, schaut man sich die kleine Ordensburg in Lȩbork an, bevor man den Zug zurück nach Danzig nimmt.

TOUR 3

WANDERUNG IM SŁOWIŃSKI-NATIONALPARK

ROUTE: Rowy > Gardno-See > Czołpino > Lonzker Düne > Łeba

KARTE: Seite 52/53
DAUER: 1 Tag, ca. 37 km
PRAKTISCHE HINWEISE:
- Am besten nimmt man frühmorgens ein Taxi nach Rowy und hat dann den ganzen Tag Zeit, nach Łeba zurückzuwandern. Der Wanderweg ist rot markiert.
- Fotoapparate und Kameras sollten vorsorglich in Plastiktüten verpackt werden, denn aufgrund des unablässig blasenden Windes dringt überall Sand ein.
- Für die anspruchsvolle Wanderung brauchen Sie feste Schuhe, Sonnenschutz, sowie ausreichend Wasser und Proviant!

TOUR-START:

Der folgende Wanderweg erschließt den 1964 gegründeten **Słowiński-Nationalpark** 7 > S. 65, in dem ein Küstenabschnitt mit Wanderdünen und zwei große Strandseen unter Naturschutz stehen. Der nur 3 m tiefe Strandsee **Jezioro Łebsko** ist Lebensraum vieler Spezies, darunter der seltenen Doppelschnepfe. Besucher erwartet eine spektakuläre Dünenlandschaft mit Sandbergen bis 50 m Höhe. Nur die Dünen bei Arcachon (Frankreich) und auf der Kurischen Nehrung (Litauen) sind noch höher.

Zunächst geht es von **Rowy** aus entlang des **Gardno-Sees,** danach durch einen herrlichen Mischwald und zwei kleineren, schilfbewachsenen Seen (Dołgie Duże und Dołgie Małe) vorbei bis nach **Czołpino.** Hier krönt ein Leuchtturm die seit dem 19. Jh. bewaldete und zur Ruhe gekommene Düne. Der Weg führt zu einem breiten, meist menschenleeren Sandstrand. Erst wenn man vom Strand abbiegt, um die höchste Düne – die **Łącka Góra** (Lonzker Düne) – zu erklimmen, trifft man auf zahlreiche Tagesausflügler aus dem nahen Łeba.

Zurück geht es durch einen schönen Erlenwald bis nach Rąbka auf einem Betonweg, der von der militärischen Vergangenheit des Ortes zeugt. Von Rąbka verkehren Busse ins 2 km westlich gelegenene Zentrum von **Łeba** 6 › S. 65. Bleibt unterwegs etwas Zeit, kann man einen Blick auf die Reste der NS-Raketenversuchsanlage im Wald werfen.

UNTERWEGS AN DER OSTSEEKÜSTE

DANZIG (GDAŃSK) 1 📕 D2

Roter Backstein und vornehme Kaufmannshäuser prägen die stolze Hansestadt Danzig (464 000 Einw.). Inzwischen dominieren Touristen statt Händler aus aller Welt das Straßenbild der weitgehend verkehrsberuhigten Rechtstadt, dem historischen Stadtkern. Hier ist die Dichte an Restaurants, Bars und kleinen Geschäften am größten. Aber auch auf Bleihof- und Speicherinsel zwischen Mottlau und Neuer Mottlau herrscht reges Kommen und Gehen. Abgesehen davon locken großartige Museen in die Altstadt und Alte Vorstadt nördlich und südlich der Rechtstadt.

DIE RECHTSTADT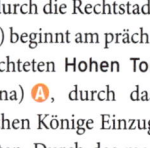

Der Rundgang durch die Rechtstadt (Główne Miasto) beginnt am prächtigen, 1588 errichteten **Hohen Tor** (Brama Wyżynna) Ⓐ, durch das einst die polnischen Könige Einzug in die Stadt hielten. Durch das manieristische **Goldene Tor** Ⓑ folgt man dem sogenannten Königsweg in die **Langgasse** (Ulica Długa).

Bevor es weiter Richtung Mottlau geht, bietet sich ein Abstecher zum **Großen Zeughaus** (Wielka Zbrojownia) Ⓒ an, einem um 1600 errichten Bau des Manierismus. Zurück in der Langgasse erblickt man elegante Patrizierhäuser. Sie zeugen vom Reichtum der Danziger Kaufleute, die sich hier repräsentative Wohnsitze errichten ließen. Besonders schön ist das **Uphagen-Haus**

(Dom Uhagena) in dem das Historische Museum der Stadt Danzig bürgerliche Wohnkultur präsentiert (Ulica Długa 12, muzeumgdansk.pl, Mo 10–13, Di–Sa 10–18, So 11 bis 18 Uhr).

Das **Rechtstädtische Rathaus** (Ratusz Głównego Miasta) **D** am Ende der Langgasse ist ein gotischer Backsteinbau, der um 1600 umgestaltet wurde. Das restaurierte Innere beherbergt heute das Museum zur Stadtgeschichte. Die Prachtentfaltung des Roten Saals übertrifft alles andere, große Bilder überziehen Wände und Decke. Das noch vor 1945 ausgelagerte Interieur ist weitgehend original (muzeum gdansk.pl, Mo 10–13, Di–Sa 10–18, So 11–18 Uhr).

Die Langgasse mündet auf den **Langen Markt** (Długi Targ) **E** ⭐, eine breite Straße, die schöne Bürgerhäuser mit Fassaden verschiedener Stilepochen säumen. Ins Auge sticht ein Haus, dessen Fenster die gesamte Höhe des Unterbaus einnehmen. Dies ist der **Artushof,** der den Danziger Patriziern als repräsentativer Rahmen für ihre Versammlungen diente (Dwór Artusa, muzeumgdansk.pl, Mo 10–13, Di bis Sa 10–18, So 11–18 Uhr).

Davor versinnbildlicht der **Neptunbrunnen** aus dem 17. Jh. die enge Verbindung Danzigs zum Meer. Auch das benachbarte **Goldene Haus** (Złota Kamienica) ist mit vergoldeten Reliefs und Ornamenten ein Blickfang.

Den Abschluss des Königswegs zur Mottlau hin bildet das **Grüne Tor** (Brama Zielona) **F** an der Ostseite des Langen Markts. Der Blick schweift hinüber zur Speicherinsel mit dem **Milchkannentor** (Stagwie Mleczne) **G**. Seine beiden massiven Rundtürme sind Basteien der ehemaligen Stadtbefestigung.

Auf der **Uferpromenade** der alten Kaigasse (Długie Pobrzeże) führt der Weg vorbei am mächtigen **Brotbänketor** (Brama Chlebnicka) aus dem 15. Jh. und dem **Frauentor**

💬 **FAHRT ZUR WESTERPLATTE**

Für geschichtlich Interessierte empfiehlt sich ein kleiner Schiffsausflug zur Westerplatte. Ein monumentales Denkmal erinnert an die Verteidigung der Halbinsel durch 182 Soldaten gegen die übermächtige deutsche Wehrmacht zu Beginn des Zweiten Weltkriegs 1939. Außerdem führt eine Freilichtausstellung über mehrere Stationen mit erhellenden Einblicken in die Geschichte der Westerplatte als Seebad, Militärbasis und Mahnmal. Von der Danziger Altstadt schippert man auf der Mottlau vorbei an Kaimauern, Schiffen, Werftgelände und der alten Festung Weichselmünde. Für den Ausflug sollte man einen halben Tag einplanen (Ausflugsdampfer ab Zielona Brama im Sommer 10.50–18.50 Uhr, alle 60 Min., www.zegluga.pl; Wassertram F5 ab Zielony Most oder Targ Rybny Juli/Aug. mehrmals tgl. 9–17 Uhr, Mai/Juni, Sept. Sa/So, www.ztm.gda.pl).

(Brama Mariacka). Durch das Frauentor betritt man die ehemalige **Frauengasse** (Ulica Mariacka) **H**. Vor den Häusern fallen die terrassenartigen Vorbauten auf: Die sogenannten Beischläge waren einst ein charakteristisches Merkmal der Ostseestädte. Hier hielten sich die Danziger Bürger auf, um zu sehen und gesehen zu werden. Heute haben sich dort Bernsteinläden und Galerien eingerichtet. Für den Film »Die Buddenbrocks« 1979, nach dem berühmten Roman von Thomas Mann, wurde ein Großteil der Szenen in der Frauengasse gedreht, da es in Lübeck keine vergleichbaren Straßenzüge mehr gibt.

Die **Marienkirche** **I** ⭐ (1343 bis 1502) ist mit einer Gewölbehöhe von fast 30 m eines der größten Gotteshäuser Europas – hier haben fast 25 000 Gläubige Platz. Bei einem Brand 1945 stürzte der Großteil des schönen Gewölbes ein. Der Wiederaufbau der gotischen Hallenkirche wurde in den 1960er-Jahren abgeschlossen, ein Teil der ausgelagerten Innenausstattung kehrte erst in den 1990er-Jahren in die Kirche zurück. Im Inneren lässt sich ein technisches Wunderwerk aus dem 15. Jh. bestaunen: eine große astronomische Uhr. Vom Turm des mächtigen Backsteinbaus hat man einen wunderbaren Ausblick auf die ganze Stadt, ihre roten Dächer und die Mottlau.

Von der Marienkirche ist es nur ein Katzensprung zum **Krantor** (Żuraw) **J** aus dem 15. Jh., dem Wahrzeichen Danzigs. Der gewaltige Hafenkran gilt als eines der größten Industriedenkmäler des Mittelalters und gehört heute als Dependance zum **Nationalen Maritimen Museum** (Narodowe Muzeum Morski), das die Geschichte des Handelshafens, des Bootsbaus und der Seefahrt dokumentiert. Eine Fähre verkehrt zur Zweigstelle auf der Speicherinsel (Tickets im Haupthaus, Ulica Tokarska 21, www.nmm.pl, Juli/Aug. tgl. 10–18, Feb.–Juni, Sept.–Nov. Di–So 10–16, Dez. Di–So 10–15 Uhr).

DIE ALTSTADT

Nach ein paar Gehminuten erreicht man Danzigs ehemalige Altstadt, die im Gegensatz zur Rechtstadt nicht originalgetreu wiederaufgebaut wurde. Rekonstruiert wurden lediglich einzelne Bauten, darunter die **Katharinenkirche** **K**, in der der Begründer der Mondkartografie Johannes Hevelius (1611–1687) seine letzte Ruhestätte gefunden

A Hohes Tor
B Goldenes Tor
C Großes Zeughaus
D Rechtstädtisches Rathaus
E Langer Markt
F Grünes Tor
G Milchkannentor
H Frauengasse
I Marienkirche
J Krantor
K Katharinenkirche
L Brigittenkirche
M Altstädtisches Rathaus
N Denkmal für die gefallenen Werftarbeiter
O Museum des Zweiten Weltkriegs
P Nationalmuseum

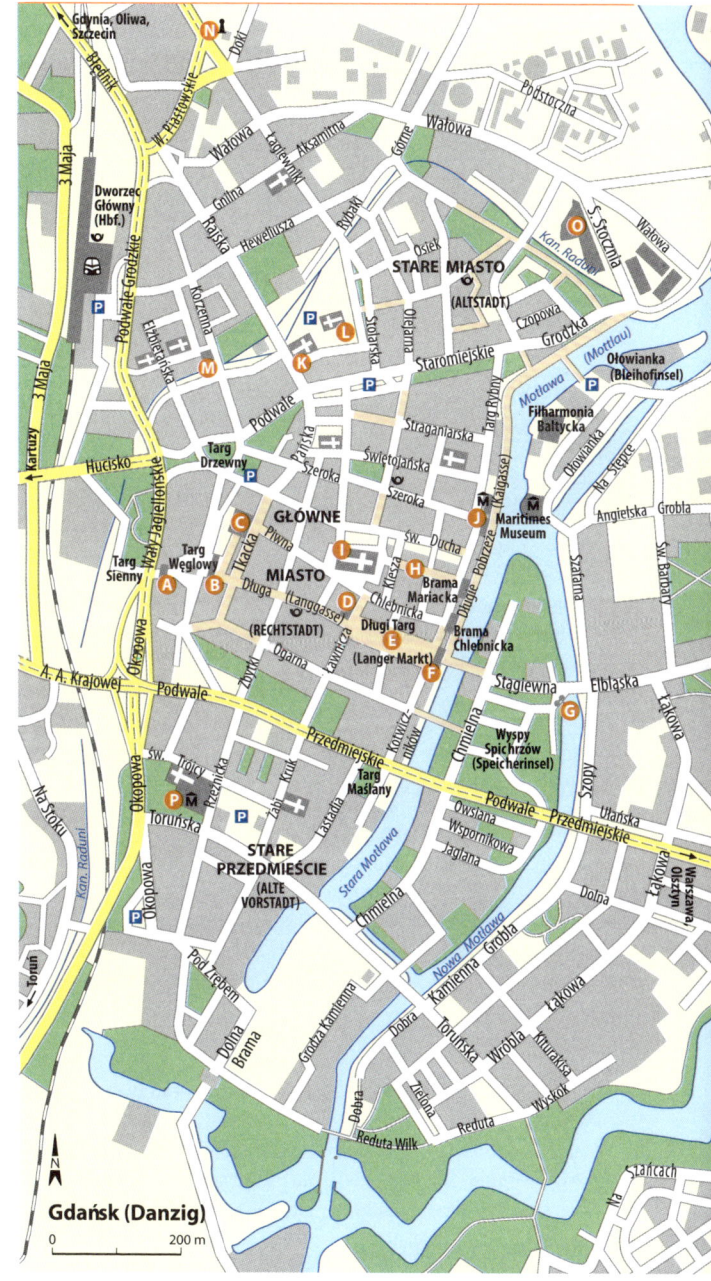

Gdańsk (Danzig)

0   200 m

In der belebten Kaigasse am Mottlauufer

hat. Sein Geld verdiente Hevelius als Brauereibesitzer. Die Brauerei Amber hat eines ihrer Biere nach ihm benannt, das Johannes.

Die direkt dahinter stehende **Brigittenkirche** ging als Solidarność-Kirche in die jüngere polnische Geschichte ein: Hier versammelte sich während der Zeit des Kriegsrechts die antikommunistische Opposition regelmäßig zum Gottesdienst. › mehr S. 15 Punkt ㉓

Das **Altstädtische Rathaus** (Ratusz Starego Miasta) von 1595 mit seiner repräsentativen Diele beherbergt eine Galerie mit Wechselausstellungen und ein Café. Hier endet die Stadtbesichtigung unweit des Hauptbahnhofs.

Ein interessanter Abstecher führt nach Norden zum Werftgelände, Schauplatz der jüngeren polnischen Geschichte. Heute werden hier Schiffe demontiert statt gebaut. Das

Denkmal für die gefallenen Werftarbeiter (pomnik Poległych Stoczniowców) , drei monumentale Kreuze am Tor 2 der Danziger Werft, erinnert an die 28 Toten bei der Niederschlagung des Streiks im Dezember 1970. Dahinter erhebt sich das **Europäische Zentrum der Solidarität,** das den Weg der Solidarność und Befreiung vom Kommunismus anschaulich schildert. Die Architektur des Museums zitiert einen rostigen Schiffsrumpf (Europejskiego Centrum Solidarności, www.ecs.gda.pl, Mai–Sept. tgl. 10–20, sonst bis 18 Uhr).

Richtung Mottlau steht das **Museum des Zweiten Weltkriegs** . Eine interaktiv gestaltete Ausstellung thematisiert die Leiden des Krieges im europäischen Kontext. Der schräg aus dem Boden ragende Baukubus assoziiert einen Geschützstand (Muzeum II Wojny Światowej,

www.muzeum1939.pl, Di–So 10–19,
Einlass bis 17 Uhr).

Ein Ausflug nach Süden in die
Alte Vorstadt (Stare Przedmieście)
lohnt sich wegen des **Nationalmuseums** P im ehemaligen Kloster
der Dreifaltigkeitskirche. Hier ist
das farbgewaltige **Triptychon des
Jüngsten Gerichts** ⭐ (1469 bis
1472) von Hans Memling zu sehen,
das ein Danziger Pirat auf hoher See
geraubt und seiner Heimatstadt
überlassen hatte (mng.gda.pl).

INFO
IT, Brama Wyżynna
- ul. Długi Targ 28/29 | 80-830 Gdańsk
  Tel. 0 58/3 01 43 55
  visitgdansk.com/de

HOTELS
Królewski €€€
Eine einladende Atmosphäre strahlt das
Hotel in einem historischen Speicherhaus
auf der Bleihofinsel aus. Hoteleigenes
Shuttleboot und stilvolles Restaurant.
- ul. Ołowianka 1 | Gdańsk
  Tel. 0 58/3 26 11 11
  www.hotelkrolewski.pl

Podewils €€€
In einem Barockpalais am Jachthafen ge-
genüber vom Krantor bietet das luxuriöse
Hotel zehn stilvoll möblierte Zimmer. Der
Blick vom Gourmetrestaurant im Dachstuhl
ist hinreißend.
- ul. Szafarnia 2 | Gdańsk
  Tel. 0 58/3 00 95 60 | www.podewils.pl

Puro €€€
Pfiffiges 4-Sterne-Hotel mit stylischen Zim-
mern, WLAN, Leihrädern, Restaurant und
Bar in Toplage auf der Speicherinsel.

- ul. Stągiewna 26 | Gdańsk
  Tel. 0 58/5 63 50 00
  www. purohotel.pl

Fahrenheit €€
Das familiär geführte Backsteinhaus mit
gemütlichen Zimmern am Rand der Rechtstadt erinnert an Daniel Gabriel Fahrenheit,
der 1686 in Danzig geboren wurde.
- ul. Grodzka 19 | Gdańsk
  Tel. 0 58/3 24 74 00
  www.fahrenheit.pl

RESTAURANTS
ritz €€€
Kreative polnische Küche mit regionalen
Produkten je nach Saison.
- Szafarnia 6 | Gdańsk
  Tel. (mobil) 666 66 90 09
  restauracja-ritz.pl | Mo geschl.

Tawerna €€€
Uriges Lokal neben dem Grünen Tor mit
leckerem Seafood.
- ul. Powroźnicza 19/20 | Gdańsk
  Tel. 0 58/3 01 41 14 | www.tawerna.pl

Rybka na Wartkiej €
Lässiges Fish-and-Chips-Lokal mit Außen-
bereich direkt an der Mottlau.
- ul. Wartka 5 | Gdańsk
  Tel. 0 58/5 26 27 43

Bar Turystyczny €
Günstiges Selbstbedienungsrestaurant
mit großer Auswahl an einfachen polnischen Gerichten.
- ul. Szeroka 8–10 | Gdańsk
  www.barturystyczny.pl

SHOPPING
Unzählige **Bernsteinläden** und **-stände**
bieten Schmuck an. Vorsicht ist bei beson-

ders billigen Angeboten angesagt, denn oft handelt es sich dabei um Imitate aus Plastik. Empfehlenswerte Adressen sind:

- **Galeria Wydra**, ul. Mariacka 49
- **Galeria S&A Bursztynowa Biżuteria**, ul. Mariacka 36, www.s-a.pl.
  > mehr S. 18 Punkt **39**

An den Ständen vor und bei den Lebensmittelläden im Untergeschoss der **Hala Targowa** Gdańsk gibt es u. a. Obst, Gemüse und Delikatessen (pl. Dominkański 1, Mo bis Fr 9–18, Sa bis 15 Uhr). > **mehr S. 15 Punkt 17** und S. 17 Punkt **35**

NIGHTLIFE

- Ein unvergessliches Erlebnis kann ein Besuch in der **Baltischen Oper** sein (ul. Zwycięstwa 15, Tel. 7 63 49 12, Karten: www.operabaltycka.pl).
- Auf der Bleihofinsel hat die **Baltische Philharmonie** ihren Sitz, die mit erstklassigem Orchester und Solisten glänzt (ul. Ołowianka 1, Tel. 0 58/3 20 62 62, www.filharmonia.gda.pl).

- Diverse Events, Konzerte und Ausstellungen organisiert das Kulturzentrum **Klub żak** (al. Grunwaldzka 195–197, Tel. 0 58/3 45 15 90, www.klubzak.com.pl).

AUSFLUG NACH OLIWA UND SOPOT 2 📖 D1

Per Taxi oder mit der S-Bahn (ab Hbf.) geht es in die Vorstadt Oliwa, nach Sopot und Gdynia. **Oliwa**, heute ein Stadtteil Danzigs, ist eine Gründung der Zisterzienser von 1188. Berühmt ist der Ort für seine **Kathedrale** ⭐. Der mehrfach umgestaltete Bau geht auf das 13. Jh. zurück und war ursprünglich die Klosterkirche. Die einmalige Akustik macht ein Konzert auf der großen Barockorgel von Johann Wilhelm Wulff zu einem besonderen Erlebnis (Ulica Biskupa Edmunda Nowickiego 5, Gdańsk, Orgelkonzerte Juli/Aug. Di, Fr 20 Uhr).

💬 GASTHAUS »ZUM LACHS« UND DANZIGER GOLDWASSER

Um 1704 war Danzig eine bedeutende Handelsmetropole und Treffpunkt von Kaufleuten aus ganz Europa. Um diesen reichen und kultivierten Männern einen standesgemäßen Rahmen zur Abwicklung ihrer Geschäfte zu bieten, eröffnete ein holländischer Wirt das Gasthaus »Zum Lachs«. Bald reichte der Ruhm des Hauses von Hamburg bis Nowgorod. Wann immer einen Kaufmann die Reise nach Danzig führte, kehrte er dort ein. Der Name des Lokals wurde durch das legendäre »Danziger Goldwasser«, das hier erfunden wurde, unsterblich. Das Besondere dieses Kräuterlikörs sind die Blattgold-Flocken, die in ihm schwimmen, allerdings keinen Einfluss auf den Geschmack haben. Danziger Goldwasser wird bis heute hier serviert, die Fabrik befindet sich aber mittlerweile in Posen. Deutsche aus Danzig, die kurz vor Kriegsende nach Westen flüchteten, nahmen das Rezept mit, sodass nun auch in Preetz bei Kiel »Original Danziger Goldwasser« abgefüllt wird.

Kurz hinter Oliwa beginnt **Sopot** (Zoppot), einst eines der mondänsten Ostseebäder. Obwohl die Villen in die Jahre gekommen sind, zeugen sie noch vom einstigen Lebensstil der Hautevolee. Die Holzmole mit über 500 m ist die längste ihrer Art an der Ostsee, und im Sommer zieht die Ulica Bohaterów Monte Cassino die Nachtschwärmer aus Danzig und Umgebung an.

In **Gdynia** **3** 🏛 D1 kann man über die Aleje Jana Pawła zum **Museumsschiff Dar Pomorza** bummeln (Juli/Aug. tgl. 10–18, Feb.–Juni und Sept./Okt. Di–So 10–16 Uhr, www.de.nmm.pl). Nahe des Fährhafens beherbergt eine alte Lagerhalle das spannende **Muzeum Emigracji,** das sich den seit dem 19. Jh. ausgewanderten Polen widmet (Ulica Polska 1, Tel. 0 58/6 70 41 61, www.polska1.pl, Di 12–20, Mi–So 10–18 Uhr).

MARIENBURG (MALBORK) E2

Imposant erhebt sich die monumentale Trutzburg des Deutschen Ordens und größte Backsteinburg des europäischen Kontinents am Ufer der Nogat. Am besten besichtigt man die Burgräume mit dem ausgesprochen informativen Audioguide (in Deutsch, ca. 2,5 Std.). Der Besucher betritt die im 13. und 14. Jh. erbaute Anlage, die nach 1945 weitgehend wieder errichtet wurde, durch die Vorburg mit Zeughaus und Laurentius-Kapelle.

In den Flügeln des sogenannten **Mittelschlosses** befinden sich der

Das Grandhotel neben der Seebrücke von Sopot wurde 1926 erbaut

elegante Hochmeisterpalast (1393 bis 1407), der später zeitweilig als Aufenthaltsort des polnischen Königs und seiner Statthalter diente, der Große Remter (Refektorium) sowie die Räume für Gäste des Ordens. Eindrucksvoll ist der quadratische Sommerremter, dessen Sternengewölbe sich auf nur einen Mittelpfeiler stützt. Dank der großen Fenster wird der Speisesaal an sonnigen Tagen von Licht durchflutet. Im Ostflügel des Mittelschlosses informiert eine interessante Ausstellung über Entstehung und Verarbeitung von Bernstein. Das »Gold der Ostsee« ist fossiles Harz. Zu Schmuckstücken verarbeitet, verhalf es den Küstenstädten zu Wohlstand.

Über eine Brücke gelangt man zum **Hochschloss,** in dem die Ordensbrüder wohnten. Hier im Nordflügel befinden sich der Kapitelsaal und die Schlosskirche. Den Eingang bildet die reich mit Fabeltieren verzierte Goldene Pforte aus der Zeit um 1280. Wer die Mühe auf sich nimmt, den großen Turm in der Nordostecke des Hochschlosses zu besteigen, wird dafür mit einer wunderbaren Aussicht auf die Burg und die flache Landschaft des Weichselwerders belohnt. Im Sommer begeistert täglich nach Einbruch der Dunkelheit die Licht- und-Ton-Schau »Licht und Klang« (*światło i dźwięk*) (Juni/Juli 22 Uhr, Mai, 1.–15. Aug. 21.30 Uhr, 16. bis 31. Aug. 21 Uhr, 1–15. Sept. 20 Uhr).

GRATIS ENTDECKEN

- Die **Freilichtausstellung auf der Westerplatte** führt bei freiem Eintritt über die Halbinsel vor Danzig und durch deren bewegte polnisch-deutsche Geschichte – als Badeort und Kriegsschauplatz. > S. 57
- Umsonst und draußen kann man am Chopin-Denkmal im Warschauer Łazienki-Park sonntags klassische **Klavierkonzerte** hören. > S. 100
- Bei einer **Free Walking Tour durch Breslau** > S. 118 entlohnt man den Führer nach eigenem Ermessen (Treff vis-à-vis der Touristinformation, www.free walkingtour.com).
- Der Eintritt zu den **KZ-Gedenkstätten in Auschwitz-Birkenau** ist frei, doch die Auseinandersetzung mit den Gräueltaten der deutschen Nationalsozialisten nicht leicht. > S. 139

Und um Jahrhunderte glaubt man sich zurückversetzt, wenn an einem Juliwochenende bei der »Belagerung der Marienburg« mittelalterliches Treiben in den Höfen herrscht – mit Handwerkermarkt, Ritterturnieren etc. Das Event knüpft an die vernichtende Niederlage des Heeres des Deutschen Ordens gegen die Polnisch-Litauische Union im Juli 1410 in der Schlacht bei Tannenberg an (Ulica Piastowska, Malbork, Tel. 0 55/6 47 09 78, www.zamek.malbork.pl/de, Mai bis Sept. tgl. 9–20, sonst tgl. 10–16 Uhr, Ausstellungen schließen 1 Std. früher, Audioguide und regelmäßige Führungen auf Deutsch).

HOTEL/RESTAURANT

Stary Malbork €€
Freundliche Zimmer in einem Jugendstilhaus. Das beste Restaurant am Platz.
- ul. 17 Marca 26–27 | 82-200 Malbork
  Tel. 0 55/6 47 24 00
  www.hotelstarymalbork.com.pl

HALBINSEL HEL 5 📖 D/E1 (MIERZEJA HELSKA)

Wo sich heute eine Halbinsel befindet, existierten vor 200 Jahren noch viele einzelne kleine Inseln. Mit der Zeit formte der Treibsand die Halbinsel, die nur 200 m bis 3 km breit, dafür aber 35 km lang ist. Wie eine Zunge ragt sie in die Danziger Bucht hinein. Noch ist die Halbinsel über die Straße oder per Bahn für jedermann zugänglich. Aber Touristenströme und Meeresströmung nagen gleichermaßen an diesem einzigartigen Naturgebilde, sodass wohl künftig mit einer Zugangsbeschränkung zu rechnen ist. Dünen und Kiefernwald bestimmen das Landschaftsbild, die Seite zur offenen See bietet mit ihrem Sandstrand beste Bademöglichkeiten.

Auf der Halbinsel Hel, die polnisch Mierzeja Helska oder nur Hel heißt, gibt es nur fünf Ortschaften: das kaschubische Dorf **Chałupy,** wo die Film- und Theaterelite Polens bereits seit den 1970er-Jahren gern ihren FKK-Urlaub verbringt, die etwas größeren Ferienorte **Kuźnice** und **Jastarnia,** das versnobte **Jurata** mit mondänen Vorkriegsvillen sowie der Sommerresidenz des polnischen Präsidenten und am Ende der Halbinsel die einzige historische Stadt **Hel.** Tagesurlauber aus Danzig (Schiffsverbindung im Sommer) dominieren das Bild des Städtchens. Die kaschubischen Häuser aus dem 18. Jh., der Geruch von Teer und Tang und das geschäftige Treiben machen seine Atmosphäre aus. Einen Besuch wert sind die zum Fischereimuseum umgestaltete Kirche (15. Jh.) am kleinen Hafen und vor allem das Fokarium, eine **Robbenaufzuchtstation** (Ulica Morska 2, Hel, tgl. 11–15 Uhr, www.fokarium.pl).

HOTEL

Bryza €€€

Das modernste Hotel der Halbinsel Hel, in der herrlichen Dünenlandschaft gelegen; elegant eingerichtet, mit Spa, Schönheitsklinik, Tennis und Golf.
• ul. Międzymorze 2 | Jurata
Tel. 0 58/6 75 51 00 | www.bryza.pl

LEBA (ŁEBA) 6 📱 D1

Nicht nur als Fischerei- und Hafenstadt, sondern vor allem als Seebad bekannt ist Łeba, das außerhalb der Saison eher einem Dorf gleicht, obwohl es schon 1357 das Stadtrecht erhielt. Weil die Wanderdünen und Sturmfluten die Siedlung unter sich zu begraben drohten, verlegten die Bewohner sie im Jahre 1570 rund 2 km nach Osten auf sicheres Terrain. Die kleinen Fischerhäuschen haben viel Charme, obgleich in fast jedem zweiten Haus ein Andenkenladen oder eine Fischbratküche eingerichtet wurden, die im Sommer auf Käufer und Gäste warten.

SŁOWIŃSKI-NATIONAL-PARK 7 ⭐ 📱 C/D1

Ein Höhepunkt für Naturfreunde und Wanderer ist der 18 000 ha große Słowiński-Nationalpark (www.slowinskipn.pl), der gleich zwei größere Seen umfasst: den Jezioro Łebsko und den Jezioro Gardno. Erholungssuchenden zugänglich ist aber nur der **Garder See,** der **Łeba-See** ist ein Biotop für seltene Wasservögel wie die Doppelschnepfen.

Am Südufer des Łeba-Sees, umgeben von Sumpfwiesen, Wäldern und Schilf, liegt **Kluki** (Klucken). Das **Freilichtmuseum,** eine Außenstelle des Mittelpommerschen Museums in Słupsk, veranschaulicht die Lebensweise des slawischen Volksstammes der Slowinzen, die einst in dieser Gegend siedelten. Sie verstanden es, sich der Natur anzupassen. So erfanden sie z. B. an überdimensionierte Entenfüße erinnernde Korbschuhe für ihre Pferde, um zu verhindern, dass die Tiere im Sumpf versanken (Muzeum Wsi Słowińskiej w Klukach, Kluki 27, Smołdzino, Mai–Aug. Mo 11 bis 15, Di–So 10–18, sonst Mo 11–15, Di–So 9–16 Uhr, www.muzeum kluki.pl).

LONZKER DÜNE (ŁĄCKA GÓRA) ★ 3 🏷 D1

Die bedeutendste Attraktion des Nationalparks sind die Wanderdünen. Man kann sie nicht nur zu Fuß, sondern auch per Mietfahrrad oder mit dem Elektromobil erreichen. Erklimmen muss man die riesigen Sandhügel dann allerdings aus eigener Kraft – was gar nicht so einfach ist, denn die höchste, die Łącka Góra (Lonzker Düne), bringt es auf 42 m. Die Dünen wandern etwa 10 m pro Jahr ostwärts, sogar über Wälder hinweg.

Slowinzisches Landhaus im Freilichtmuseum von Kluki

- Rąbka 8, | Łeba
  Tel. (mobil) 724 72 47 08
  www.slowinskawydma.pl

STOLP (SŁUPSK) 8 ▮ C1

Am Ufer der Słupia erhebt sich die
im Renaissancestil erbaute Herzogs-
burg aus dem 16. Jh. Im Mittelalter
war Słupsk Ausfuhrhafen für land-
wirtschaftliche Produkte, besaß berühmte Brauereien und war füh-
rend in der Bernsteinverarbeitung.
Aus dem 15. Jh. stammt die berüch-
tigte Hexenbastei, die als Frauenge-
fängnis diente. Sehenswert zudem
die Dominikanerkirche, die Marienkirche und das Neue Rathaus.

RESTAURANT
Vega Bistro & Cafe €
Leichte vegetarische Küche und farben-
frohes Ambiente sorgen für eine frische
Brise nahe der Ostseeküste.
- ul. Nowobramska 2 | Słupsk
  Tel. (mobil) 577 83 76 08
  www.facebook.com/vegabistro
  ab 20 Uhr geschl.

KOLBERG (KOŁOBRZEG) 9 ▮ B2

Die Stadt an der Persante-Mündung
(Parsęta) verdankt ihre Entstehung
den Salzquellen. Legenden ranken
sich um die Entdeckung des Salzes,
nachgewiesen sind Salzvorkom-
men aber bereits im 9. Jh. Als aus
wirtschaftlichen Gründen die Salzgewinnung per preußischem Regie-
rungsdekret 1855 eingestellt wurde,
nutzten die findigen Kolberger den
therapeutischen Wert ihrer Sole-
quellen, indem sie diese als Kur-
anwendungen ausbauten. Durch
die Verbindung von Heilbad und
Sommerfrische an der Ostsee stieg
die Stadt in den 1930er-Jahren mit
500 000 Übernachtungen im Jahr
zu Deutschlands bedeutendstem
Seebad auf. 1945 wurde Kolberg
zerstört. Es blieben nur wenige
Bauten stehen, so der **Mariendom**
(14. Jh.), dessen massiver Turm
heute das Stadtbild beherrscht.
Nördlich der Kirche steht das neogotische **Rathaus,** das nach Plänen
von Karl Friedrich Schinkel errichtet wurde. Die meisten Urlauber
widmen ihre Aufmerksamkeit allerdings insbesondere dem breiten
Sandstrand, der bis heute Hunderttausende anzieht.

INFO
Punkt Informacji Turystycznej
- Ratusz Miejski, ul. Armii Krajowej 12
  78-100 Kołobrzeg | Tel. 0 94/3 55 13 20
  www.kolobrzeg.turystyka.pl

HOTELS
Aquarius Spa €€€
Familienfreundliches, sehr modernes Well-
nesshotel etwa 3 km vom Stadtzentrum
entfernt mit großzügigem Spabereich.
Geräumige Zimmer mit Balkon. Ausge-
zeichnetes Restaurant zertifiziert von
Slow Food Polen. Fahrradverleih.
- ul. Kasprowicza 24 | Kołobrzeg
  Tel. 0 94/3 53 65 00
  www.aquariusspa.pl

Etna €€
Mit viel Glas und edlem Mobiliar gestalte-
tes Großhotel in der Stadtmitte.

HEILBÄDER & WELLNESS-HOTELS

Brunnen in der Trink- und Wandelhalle im Kurort Kudowa Zdrój

Schon zu Beginn des 19. Jhs. strömten betuchte Kurgäste aus ganz Europa in hiesige Landstriche, um in vornehmen Kurbädern Linderung von verschiedensten Leiden zu suchen. Von der Ostseeküste bis zu den Gebirgslandschaften im Süden des Landes bieten heute Kliniken, Sanatorien und immer mehr Wellnesshotels ein breites Spektrum an Heilverfahren, Anwendungen und Behandlungsmethoden an.

BERÜHMTE BÄDER

Zu den ältesten und bekanntesten Kurbädern Polens gehört **Krynica Zdrój** ▌ F8 in der malerischen Gebirgslandschaft der Sandezer Beskiden (Kleinpolen). Das aus über 20 natürlichen und künstlichen Mineralquellen gewonnene Heilwasser der Stadt dient insbesondere zur Linderung von Herz-Kreislauf-, Verdauungs-, Harnwegs- und Stoffwechselerkrankungen.

Berühmt für die heilende Wirkung ihrer Quellen sind auch die alten Kurorte des Glatzer Berglandes in Niederschlesien, wie **Polanica Zdrój** (Bad Altenheide), **Kudowa Zdrój** (Bad Kudowa) oder **Duszniki Zdrój** (Bad Reinerz), wo alljährlich in der ersten Augustwoche im Kurpark das internationale Chopin-Festival stattfindet. Über traditionsreiche Kurparkanlagen und Badehäuser aus dem 19. und frühen 20. Jh. verfügt auch das in Zentralpolen liegende **Ciechocinek** 📖 D3. Seine Besonderheit bilden die alten, über 15 m hohen Solegradierwerke. Das milde und jodreiche Klima hilft speziell bei Erschöpfungs- und Überlastungszuständen. Die Kurorte **Kołobrzeg** und **Świnoujście** sind schon allein durch ihre Lage an der Ostsee attraktiv. Mit Naturheilmitteln wie Brom-, Jodsalz oder Heilmoor werden dort vor allem Erkrankungen der Atemwege, Haut- und Rheumakrankheiten behandelt.

Informationen zu Thermen, Kurbädern und Wellnesshotels stellt das Polnische Fremdenverkehrsamt zur Verfügung: www.polen.travel/de/spa-und-wellness.

VON AYURVEDA BIS PILATES

Ob Ayurveda, Hot-Stone-Massage oder Pilates: Jeder gesundheitsbewusste und erholungsbedürftige Reisende findet in den zahlreichen hochmodernen Wellness- und Spazentren Polens, die in den letzten Jahren in attraktiven Regionen eröffnet worden sind, etwas für seinen Geschmack.

Während eines ein- oder mehrtägigen Aufenthaltes in einem der luxuriösen Spazentren in Kołobrzeg, Jurata oder Krynica Zdrój kann man zwischen zahlreichen Gesichts- und Körperpflegebehandlungen wählen, die Heilkraft der Thermalbäder genießen oder in herrlicher Umgebung bei Yoga, Tai-Chi oder Pilates sein seelisches Gleichgewicht wiederfinden.

- **Bryza SPA Resort** 📖 D/E1
  ul. Międzymorze 2
  84-141 Jurata
  Tel. 0 58/6 75 51 00
  www.bryza.pl
- **Hotel Zamek na Skale** 📖 C7
  Trzebieszowice 151
  57-540 Lądek Zdrój
  Tel. 0 74/8 65 20 00
  www.zameknaskale.com.pl

AUSGEZEICHNET!

Der Deutsche Wellness Verband hat sein Premium-Gütesiegel für 2007 bis 2016 gleich an zwei 4-Sterne-Wellnesshotels der polnischen Kosmetikmarke Dr Irena Eris verliehen: in Masuren (50 km südl. Olsztyn) und in Krynica Zdrój (120 km südöstl. Krakau). Auch das Hotel Villa Park mit Gesundheits- und Schönheitsklinik in Ciechocinek wurde mehrmals prämiert.

- **Hotel SPA Dr Irena Eris Wzgórza Dylewskie** 📖 E2/3
  Wysoka Wieś 22
  14-100 Ostróda
  Tel. 0 89/6 47 11 11
  www.drirenaerisspa.pl
- **Hotel SPA Dr Irena Eris Krynica Zdrój** 📖 F8
  Czarny Potok 30
  33-380 Krynica Zdrój
  Tel. 0 18/4 72 35 00
  www.drirenaerisspa.pl
- **Hotel Villa Park** 📖 D3
  ul. Warzelniana 10
  87-720 Ciechocinek
  Tel. 0 54/4 16 41 00
  www.villapark.pl

• ul. Portowa 18 | Kołobrzeg
  Tel. 0 94/3 55 00 12 77
  www.hoteletna.pl

RESTAURANT

Pod Winogronami €€
Reichhaltige Speisekarte, z. B. Zanderfilet
im Bierteig und Wildschweinkeule in Wa-
choldersoße; gute Weinauswahl.

• ul. Towarowa 16 | Kołobrzeg
  Tel. 0 94/3 54 73 36
  www.winogrona.pl

MISDROY (MIĘDZYZDROJE) 10 📖 B2

Der traditionsreiche Ostseebadeort
liegt auf der **Insel Wollin,** einer der
drei Inseln im Mündungsdelta der
Oder. Mit dem östlichen Festland ist
sie über zwei Brücken verbunden,
in Richtung Westen führt der Weg
per Fähre nach Usedom und über
Świnoujście bis Ahlbeck auf deutscher Seite. Der Sandstrand von
Międzyzdroje gilt als einer der
schönsten und bekanntesten der
polnischen Ostseeküste.

Das **Naturkundliche Museum**
(Ulica Niepodległości 3, Mai–Sept.
Di–So 9–17 Uhr, sonst Di–Sa bis
15 Uhr) empfiehlt sich zur Vorbe-
reitung auf eine Wanderung durch
den Wolliner Nationalpark.

INFO

Punkt Informacji Turystycznej
• ul. Promenada Gwiazd 2
  72-500 Międzyzdroje
  Tel. 0 91/3 28 27 78
  www.miedzyzdroje.pl

HOTELS

Vienna House Amber Baltic €€€
Das moderne 4-Sterne-Hotel gehört zu
den komfortabelsten der Region. Even-
tueller Makel ist, dass es direkt an der
zeitweise sehr belebten Strandprome-
nade liegt.

Mit Metalldetektor und Sieb auf der Suche nach Schätzen

- Promenada Gwiazd 1 | Międzyzdroje
  Tel. 0 91/3 22 87 60
  www.viennahouse.com

SPA Bagiński & Chabinka €€
Eine ruhige Alternative bietet dieses
Spahotel am Rand der Stadt. Die Strandnähe, der Pool und die nette Atmosphäre
machen seinen Reiz aus.
- ul. Gryfa Pomorskiego 74
  Międzyzdroje | Tel. 0 91/3 26 72 00
  www.miedzyzdrojespa.pl

WOLLINER
NATIONALPARK 🔖 B2

Direkt vor den Toren von Międzyzdroje beginnt der **Woliński Park
Narodowy** (Wolliner Nationalpark,
www.wolinpn.pl). Aufgrund seines
Vogelreichtums zieht er besonders
Ornithologen an. Die in ihrem Bestand gefährdeten Seeadler haben in
dieser Schutzzone ein Rückzugs-
gebiet gefunden, genau wie viele
andere Tierarten. Mehrere ausge-
schilderte Wanderwege führen
durch den Buchenwald u. a. zum
Türkissee (Jezioro Turkusowe) und
am Strand unterhalb der bis zu
100 m hohen Steilklippen entlang.

CAMMIN (KAMIEŃ
POMORSKI) 11 🔖 B2

In der Kleinstadt gegenüber der Insel Wollin erhebt sich am rechten
Ufer der Dievenow (Dziwna) der
alte Sitz der Camminer Bischöfe.
Der spätromanische **Johannes-
dom,** der im 15. Jh. gotisch umge-

staltet wurde, ist mit seiner Barockorgel aus dem 17. Jh. ein Magnet
für Musikliebhaber. Der herrliche
Klang der Orgel und die hervorragende Akustik des Doms faszi-
nieren nicht nur die Besucher des
Internationalen Festivals der Orgel-
und Kammermusik mit rund einem Dutzend Konzerte, das Mitte
Juni bis Mitte August stattfindet
(Tel. 0 91/3 82 05 41, www.kamien
pomorski.pl).

HOTEL
Pod Muzami €€
Einladendes renoviertes Fachwerkhaus aus
dem 18. Jh. am Marktplatz. Winziges, gutes
Hotelrestaurant.
- ul. Gryfitów 1 | 72-400 Kamień Pomorski
  Tel. 0 91/3 82 22 40
  www.podmuzami.pl

STETTIN
(SZCZECIN) 12 🔖 B3

Die strategisch günstige Lage mach-
te Stettin (407 000 Einw.) jahrhundertelang zum Zankapfel sowohl
zwischen Polen, Dänemark und
Brandenburg, als auch zwischen
Preußen, Frankreich und Schweden. Den zahlreichen kriegerischen
Auseinandersetzungen – insbesondere den Bombardements des Zweiten Weltkriegs – sind viele historische Bauwerke zum Opfer gefallen.
Heute profitiert die Stadt von ihrer
Lage an der Odermündung und
der Grenze zu Deutschland, ihr
Einzugsgebiet reicht weit bis nach
Mecklenburg-Vorpommern. Die
Wirtschaft boomt.

Der Hafen von Stettin mit dem Nationalmuseum im Hintergrund

Die **Hakenterrasse** (Wały Chrobrego) am Oderufer war und ist ein Aushängeschild der Hanse- und Hafenstadt. Die repräsentativen Sandsteingebäude aus den Jahren 1900–1914 beherbergen die maritimen, archäologischen, volks- und völkerkundlichen Sammlungen des Nationalmuseums (Ulica Wały Chrobrego 3, www.muzeum.szczecin.pl, Di–Do, Sa 10–18, Fr, So 10 bis 16 Uhr).

Von der Hakenterrasse ist es nicht weit bis zur **Bastei der Sieben Mäntel**. Die 4 m dicken Wände dieses Wehrturmes hielten dem Bombenhagel des Zweiten Weltkriegs stand. Oberhalb der Bastei erhebt sich über der Oder das **Schloss der Herzöge von Pommern**. Obwohl die Rekonstruktion nach 1945 eine typische Renaissanceresidenz nachbildet, weist der Bau sogar noch original gotische Bestandteile aus dem 14. Jh. auf, darunter die Kapelle im Nordflügel. Im Schloss werden regelmäßig Konzerte, Konferenzen und Ausstellungen veranstaltet (Ulica Korsarzy 34, Tel. 0 91/4 34 83 11, www.zamek.szczecin.pl, Di–So 10 bis 18 Uhr, Glockenturm mit Aussichtsplattform nur Mai–Sept.).

Wenige Schritte von der Burg entfernt steht das **Alte Rathaus**. Nachdem das Gebäude 1945 ein Raub der Flammen geworden war, sah man beim Wiederaufbau von den barocken Umbauten des 17. Jh. ab, das Rathaus erhielt seine gotische Gestalt mit der von norddeutschen Hansestädten bekannten Schauwand zurück. Die Stadtgeschichtliche Sammlung (Muzeum Historii Szczecina) hat hier einen würdigen Platz gefunden.

Ein repräsentatives Beispiel pommerscher Sakralarchitektur erwartet den Besucher mit der **Peter- und Paulkirche** 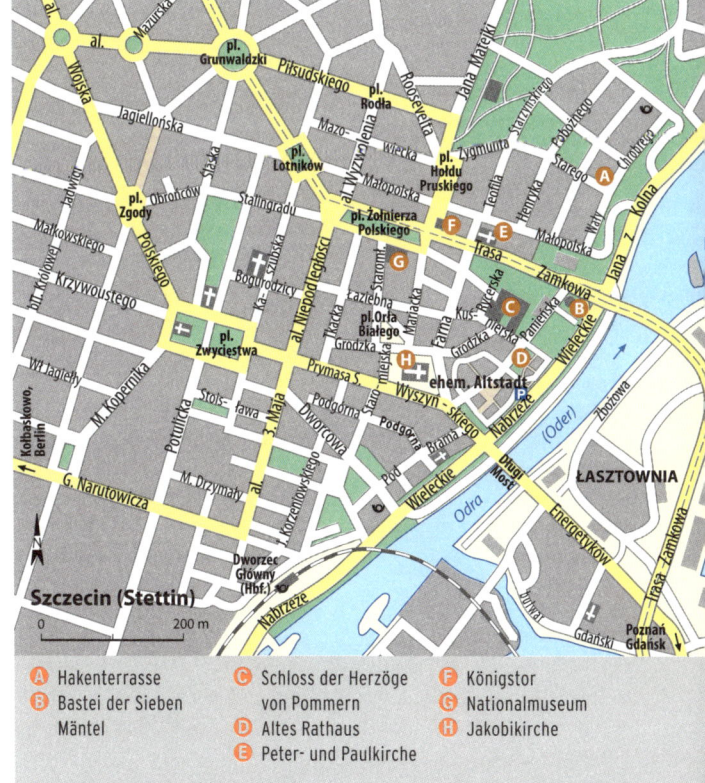 **E**. Der Backsteinbau hat mit seinem gegliederten Stufengiebel sein gotisches Erscheinungsbild bewahrt. Glasierte Terrakottaköpfe schmücken die Außenwände. Im Innern kann man die Holzdecke aus dem 18. Jh. bewundern.

Auf der gegenüberliegenden Seite des Platzes steht das prunkvolle **Königstor** (brama Hołdu Pruskiego) **F**, das an den Verkauf der Stadt durch die Schweden an Preußen 1720 erinnert.

Nur wenige Gehminuten entfernt haben die Stettiner Restauratoren einige Barockpaläste aus dem 18. Jh. wiederaufgebaut. In einem der Paläste präsentiert das **Nationalmuseum** (Muzeum Narodowe) **G** Kunst aus Pommern vom Mittelalter bis zum Barock, darunter Schmuck der Pommernherzöge und Schiffsmodelle (Ulica Staromłyńska 27, www.muzeum.szczecin.pl, Di–Do, Sa 10 bis 18, Fr, So 10–16 Uhr).

A Hakenterrasse
B Bastei der Sieben Mäntel
C Schloss der Herzöge von Pommern
D Altes Rathaus
E Peter- und Paulkirche
F Königstor
G Nationalmuseum
H Jakobikirche

Mächtigstes Bauwerk Stettins ist die **Jakobikirche** ⑪. Auch sie fiel dem Krieg zum Opfer. Erst im Jahr 1971 begann man damit, die ausgebrannte Ruine als eine der größten gotischen Kirchen Pommerns wieder aufzubauen.

INFO

Centrum Informacji Turystycznej
- ul. Jana z Kolna 7 | 70-456 Szczecin
  Tel. 0 91/4 34 04 40 | www.szczecin.eu

Zamek Książąt Pomorskich
- im Schloss | ul. Korsarzy 34 | Szczecin
  Tel. 0 91/4 89 16 30

VERKEHR

- **Schiffsausflüge auf der Oder**
  ul. Jana z Kolna 21 (gegenüber Hakenterrasse) | Szczecin
  Tel. 6 67 08 10 55 | www.statki.net.pl
  Mai–Aug. 11, 13, 15, 17, April, Sept. 12, 15 Uhr

HOTELS

Radisson Blu €€€
Das 4-Sterne-Hotel im Pazim Center, dem neuen Wahrzeichen der Stadt, lässt keine Wünsche offen: von der Panoramabar Café 22 bis zu Fitness- und Wellnesseinrichtungen.
- pl. Rodła 10 | Szczecin
  Tel. 0 91/3 59 55 95
  www.radissonblu.com/hotel-szczecin

ibis Szczecin Centrum €€
Das komfortable Hotel im Zentrum der Stadt überzeugt mit reichhaltigem Frühstücksbüfett und gutem Preis-Leistungs-Verhältnis.
- ul. Dworcowa 16 | Szczecin
  Tel. 0 91/4 80 18 00
  www.accorhotels.com

RESTAURANT

Browar Stara Komenda €€
Das hausgebraute Bier ergänzt die hervorragende polnische Küche.
- pl. Stefana Batorego 3 | Szczecin
  Tel. 0 91/4 23 44 45 | starakomenda.pl

NIGHTLIFE

- Beliebt bei Einheimischen und Touristen jenseits der 20 ist der **Rocker Club,** Mottopartys, auch Livemusik (ul. Partyzantow 2, Tel. 0 91/4 88 55 00, www.rockerclub.pl).
- Die **Stettiner Philharmonie** mit ihrer filigran-leichten Gegenwartsarchitektur und engagiertem Konzertprogramm lohnt einen Besuch (ul. Małopolska 48, Tel. 0 91/4 22 12 52, www.filharmonia.szczecin.pl).

AUSFLUG NACH STARGARD (SZCZECIŃSKI) ⑬ 📘 B3

Stargard in Pommern, 40 km östlich von Stettin, war der Odermetropole im Mittelalter ebenbürtig. Für Kunstfreunde ist der Besuch der dortigen **Marienkirche** ein Muss, da sie ein Juwel unter den mittelalterlichen Kirchen ganz Pommerns ist. Um 1400 wurde sie von Heinrich Brunsberg, einem namhaften Architekten, nach dem Vorbild der Lübecker Marienkirche geschaffen. Nicht nur die Dimensionen des Gotteshauses beeindrucken, sondern auch die Vielfalt der verschiedenfarbigen Keramiksteine, teilweise in Form von Fratzen gestaltet, mit denen die Portale und eine Außenkapelle ausgeschmückt sind.

ERMLAND UND MASUREN

Mikołajki ist der ideale Startpunkt
für einen Segeltörn über den größten
polnischen See, den Śniardwy

Vor allem Angler, Wanderer und Wassersportler – allen voran Segler und Kanuten – kommen in den Masuren auf ihre Kosten. Ein besonderes Erlebnis ist die Fahrt zu Wasser und zu Land auf dem Oberländer Kanal.

Masuren, das sind schilfbestandene Seen, unberührte Wälder, kleine Dörfer mit Backsteinhäuschen, frei laufende Gänse und unzählige Störche. Es duftet nach Kamille, auf den Seen flattern die weißen Segel unzähliger Jollen. Rund 3000 Seen soll es hier, in der Moränenlandschaft östlich der Weichsel, geben. Sieht man von einigen wenigen kulturellen und historischen Sehenswürdigkeiten ab, liegt der Reiz dieser Region vor allem in ihrer unberührten Natur.

Zur Wojewodschaft Ermland Masuren, die nach 1945 aus dem südlichen Ostpreußen entstand, gehört neben der masurischen auch die Suwałkische Seenplatte, die sich weiter nach Nordosten über die litauische Grenze erstreckt.

Ermland und Masuren sind neben der Ostseeküste und der Hohen Tatra *die* Feriengebiete Polens schlechthin. Deshalb kann es in der Hochsaison, vor allem im Juli und August, rund um die Seen richtig voll werden.

TOUREN IN ERMLAND UND MASUREN

TOUR ➍

POLENS NORDOSTEN

Olsztyn > Drogosze > Węgorzewo > Gołdap > Rominter Heide > Suwałki > Ogrodniki

TOUR ➎

RADTOUR UM DIE MASURISCHEN SEEN

Giżycko > Sztynort > Puszcza Borecka > Mazury > Święcajny > Sulejki

TOUREN IN DER REGION

POLENS NORDOSTEN

ROUTE: Olsztyn > Drogosze > Węgorzewo > Gołdap > Rominter Heide > Suwałki > Ogrodniki

KARTE: Seite 76/77
DAUER: mind. 3 Tage, ca. 420 km
PRAKTISCHER HINWEIS:
• Die Masurische Seenplatte ist touristisch besser erschlossen als die

Suwałkische. Das zum Hotel umgebaute Kamaldulenserkloster Wigry bietet Unterkunft (www.wigry.pro)

TOUR-START:

Von den rund 30 000 Störchen Polens leben fast 7000 in Ermland und Masuren. Ideale Bedingungen finden sie in den Dörfern entlang der Grenze zur russischen Enklave Kaliningrad, wo es viele Feuchtwiesen und Brachland gibt.

Die dreitägige Autotour von **Olsztyn 3** > S. 81 entlang der russischen und litauischen Grenze

macht mit den storchenreichsten Dörfern Polens bekannt, mit **Żywkowo,** einem Ort, in dem doppelt so viele Störche wie Menschen leben und der zunehmend Touristen anlockt, mit **Szczurkowo** und **Lwowiec.** Auf der Weiterreise erwarten einen spannende Zeugen der Vergangenheit: das **Schloss in Drogosze** (Döhnhoffstädt), die Deutschordensburg in **Barciany** (Barten) sowie die Bunker des Oberkommandos des Heeres OKH in **Mamerki** (Mauerwald). In der **Rominter Heide** bieten sich ausgedehnte Wandertouren an. Bevor man die litauische Grenze in **Ogrodniki** erreicht, sollten Sie den **Wigry-Nationalpark** mit seiner herrlichen Seenlandschaft durchstreifen (www. wigry.org.pl). Elche und Seeadler sind hier heimisch.

Das ideale Standquartier für eine Erkundung des Nationalparks – auch im Kanu – ist das einstige Kamadulenserkloster auf einer Halbinsel im Wigry-See.

TOUR 5

RADTOUR UM DIE MASURISCHEN SEEN

ROUTE: Giżycko › Sztynort › Puszcza Borecka › Mazury › Śwíścajny › Sulejki

KARTE: Seite 76/77
DAUER: 1 Tag, ca. 80 km

PRAKTISCHE HINWEISE:
- Da diese Radtour von Giżycko aus keine Rundtour ist, nimmt man vom Zielpunkt Sulejki aus ein Taxi zurück zum Ausgangspunkt. Am besten vorab bestellen.
- Empfehlenswert ist eine gute Karte (vor Ort erhältlich), denn auf die Wegmarkierungen ist kein Verlass.

TOUR-START:

Von **Giżycko** 9 › S. 85 aus geht es nach **Pieczarki,** über einen Schotterweg nach **Harsz** und weiter nach **Sztynort** (Steinort), ein Mekka für Segler. Denn der Ort liegt auf einer Halbinsel zwischen den Mauer-, Kirsaiten- und Lababsee (Jezioro Mamry, Kirsajty, Łabap). Bekannt ist er aber auch durch das zunehmend verfallende Schloss der Familie Lehndorff. Von dort radelt man zurück nach Harsz, zunächst durch einen Eichenwald, dann über eine Brücke, von der aus man einen weiten Blick auf den Mauersee genießt.

Über die Orte **Pozezdrze** und **Kruklanki** geht die Tour weiter nach Osten durch die **Borkener Heide** (Puszcza Borecka), wo Wisente und Elche in freier Wildbahn leben; in der Försterei **Wolisko** kann man Wisente auch in einem Gehege bestaunen. Über **Czerwony Dwór** gelangt man nach **Szwałk,** am Dorfeingang nach rechts abbiegen in Richtung **Mazury,** dann fährt man durch ein bewaldetes Naturschutzgebiet. Hinauf über den Moränenhügel Richtung **Śwíścajny** erreicht man dann das am See gelegene Dorf **Sulejki.**

UNTERWEGS IN ERMLAND UND MASUREN

ELBING (ELBLĄG) **1** ▮ E2

Elbląg (122 000 Einw.) wurde im Laufe der Jahrhunderte mehrmals zerstört. Am Ende des Zweiten Weltkriegs glich die Stadt einem Trümmerfeld, aus dem nur die große Nikolaikirche, die Dominikanerkirche und das Markttor herausragten. Eine Sammlung spätgotischer und Renaissanceretabel in der **Nikolaikirche,** die zum Teil aus anderen zerstörten Sakralbauten Elblągs stammen, gibt eine Vorstellung vom damaligen Reichtum der Stadt.

Der Wiederaufbau der Altstadt wurde in den 1990er-Jahren begonnen, doch an die einstige Bedeutung als Hafenstadt wird Elbląg so schnell nicht wieder anknüpfen können. Der einzige Zugang vom Frischen Haff zur Ostsee liegt bei der russischen Stadt Baltijsk (Pillau). 2010 wurde ein Abkommen über die Transitrechte unterzeichnet; dennoch ziehen selbst die kleinen Schiffe das am offenen Meer gelegene Danzig dem Elbinger Hafen vor.

OBERLÄNDER KANAL (KANAŁ ELBLĄSKI) **4**

Die Attraktion von Elbląg ist der Kanal nach Ostróda. Er ist einzigartig, da die Schiffe nicht nur zu Wasser, sondern auch zu Land unterwegs sind. Das Wunderwerk der Technik aus dem Jahr 1858 überwindet auf einer Länge von 81 km einen Höhenunterschied von fast 100 m. Das Besondere sind die technischen Anlagen, mit deren Hilfe die Schiffe auf Rollwagen über Land gezogen werden. Von Mai–Sept. finden täglich Ausflugsfahrten zwischen Elbląg und Ostróda in beide Richtungen statt (Żegluga Ostródzko-Elbląska, Ulica Wodna 1b, Elbląg, Tel. 0 55/2 32 43 07, www.zegluga.com.pl, Dauer: 11 Std. Teilstrecken, z. B. Elbląg–Buczyniec werden auch angeboten, 4,5 Std., Rücktransport per Bus).

Per Auto erreicht man den Kanal, wenn man in Murzewo von der Hauptstraße nach Warschau abbiegt und 5 km nach Westen fährt. Hinter dem Dorf Drulity biegt man erneut rechts und gleich danach in einen ungeteerten Weg nach links ein. Um 12.20 Uhr sollten die Kameras einsatzbereit sein, wenn das Linienschiff an der **Pochylnia Buczyniec** (Buchwalde, »Schiefe Ebene«) ein-

---

💬 BUCH-TIPP

In **So zärtlich war Suleyken** (Fischer TB, ISBN 978-3-596-20312-3) beschreibt Siegfried Lenz, der in Masuren aufwuchs, in humorvollen Kurzgeschichten das Leben in Masuren. Die liebevollen Landschaftsschilderungen treffen auch heute noch für weite Teile des Landes zu.

trifft. Dort gibt es auch ein Besu-
cherzentrum und einen Parkplatz.

INFO

Punkt Informacji Turystycznej
• ul. Stary Rynek 25
  82-300 Elbląg
  Tel. 0 55/2 39 33 77
  www.turystyka.elblag.eu

DIE SCHÖNSTEN MÄRKTE

• In und vor der **Danziger Markt-**
  halle, Hala Targowa, drängen
  sich kleine Lebensmittelläden,
  bunte Obst- und Gemüsestände
  für Proviant und Souvenirs.
  > S. 62
• Sehen und Gesehenwerden heißt
  es auf dem **Warschauer Früh-**
  stücksmarkt, Targ Śniadaniowy
  🏳 F4, im Stadtviertel Żoliborz.
  Was man dort kauft und isst,
  stammt aus Bioanbau (al. Wojska
  Polskiego, April–Okt Sa 10 bis
  16 Uhr).
• Besucher auf dem **Breslauer**
  Weihnachtsmarkt, Jarmark Bo-
  zonarodzeniowy, finden Buden
  mit regionalen Spezialitäten –
  und bekommen ein Geschenk,
  wenn sie einem der als Zwergen
  verkleideten Menschen drei Mal
  über die Mütze streichen. > S. 118
• Sonntagvormittags ist der **Floh-**
  markt auf dem Plac Nowy im
  Krakauer Stadtteil Kazimierz
  wegen des großen Angebots an
  Secondhandklamotten eine beliebte Adresse. > S. 138

HOTEL

Atrium Hotel €€€
Gemütliches Hotel mit fantastischem
Frühstück nahe Nikolaikirche und Nogat-
promenade.
• ul. Mostowa 13 | Elbląg
  Tel. 0 55/2 33 33 66
  www.atriumhotel.pl

RESTAURANT

Studnia Smaków €€
Hier gibt es empfehlenswerte polnische
Klassiker wie Eisbein (*golonka*) aber auch
gute Steaks, Hamburger und Pizza.
• ul. Studzienna 31 A | Elbląg
  Tel. 0 55/6 44 64 64
  www.studniasmakow.pl

FRAUENBURG (FROMBORK) 2 🏛 E2

Die **Kathedrale** ⭐ (14. Jh.) von
Frombork erhebt sich majestätisch
auf einem Hügel. Umgeben von
Wehrmauern ist schon die Architektur für sich sehenswert mit der
eleganten Westfassade und den mit
Skulpturen geschmückten Portalen.
Hinzu kommt die kostbare Ausstattung – das elegante Sterngewölbe im
Langhaus, die barocke Orgel, Frag-
mente des gotischen Hauptaltars
und das runde Epitaph des Dom-
herrn Boreschow an der rechten
Chorwand. Die Mühe des Hinauf-
kletterns der 227 Treppenstufen des
Radziejowski-Turms wird reich belohnt – der Blick auf das Haff und
die Nehrung ist wirklich einmalig.

Frombork pflegt die Erinnerung
an den Astronomen Nikolaus Kopernikus (1473–1543), der hier sei-

ne letzten 20 Lebensjahre verbrach-
te. Die im Dom entdeckten Gebeine
konnten zwar nicht sicher Kopernikus zugeordnet werden, wurden
2010 aber als solche feierlich vor
Ort bestattet (www.frombork.art.pl,
Di–So 9–16 Uhr).

INFO
Centrum Informacje Turystycznej
• Młynarska 5a | 14-530 Frombork
  Tel. 0 55/2 44 06 60 | www.frombork.pl

HOTEL
Kopernik €€
Freundliches 3-Sterne-Hotel unterhalb
vom Domhügel.
• ul. Kościelna 2 | Frombork
  Tel. 0 55/2 43 72 85
  www.hotelkopernik.com.pl

RESTAURANT
Akcent €
Im Sommer speist man schön auf einer
Terrasse; beliebt bei Reisegruppen.

• ul. Rybacka 4 | Frombork
  Tel. 0 55/2 43 72 75
  www.restauracja-akcent.com

ALLENSTEIN (OLSZTYN) 3 ▮ F2

Die Stadt (174 000 Einw.) wird heute von einem Gürtel moderner Neu-
bausiedlungen und Gewerbegebiete
umgeben. Doch Allenstein ist mehr
als nur eine Zwischenetappe auf der
Reise zur großen Masurischen
Seenplatte. In der wiederaufgebauten **Altstadt** haben Künstler und
Kunsthandwerker eine wunderbare
Kulisse für ihre Ateliers mit ange-
schlossenen Galerien gefunden, die
zahlreiche Besucher anlocken.

Nach einem Altstadtbummel
sollte man noch genügend Zeit für
die Besichtigung der **Burg** (Zamek)
aus dem 14. Jh. einplanen. Heute
zeigt hier das **Museum vom Erm-**

Die umschließende Wehranlage schützte Fromborks Kathedrale

land und Masuren seine kunstge-
schichtlichen und naturkundlichen
Sammlungen (Muzeum Warmii i
Mazur, www.muzeum.olsztyn.pl,
Juli/Aug. Di–So 10–18, Mai/Juni,
Sept. Di–Sa 9–17, So 10–18, sonst
Di–So 10–16 Uhr).

Zur selben Zeit wie die Burg
wurde auch die **Pfarrkirche Sankt
Jakobi** (Kościół Św. Jakuba) erbaut.
Schmuckstück der Kirche sind die
gotischen Stern- und Netzgewölbe,
die in kunstvollen Variationen die
Decke überziehen. Mit dem **Koper-
nikus-Planetarium** besitzt Olsztyn
auch eine moderne Attraktion: Hier
wird der Weltraum nicht aus Sicht
der Erdbewohner gezeigt, sondern
aus der Perspektive der Astronauten
(Aleje Marszałka J. Piłsudskiego 38,
Tel. 0 89/6 50 04 20, www.planeta
rium.olsztyn.pl, tgl. 10.30–16 Uhr).

Von der Schönheit der masurischen Landschaft kann man sich
von Deck der **Ausflugsdampfer,** die
auf dem nahe gelegenen Jezioro
Ukiel (auch Jez. Krzywe) unterwegs
sind, auf einer Ballonfahrt oder bei
einem Rundflug überzeugen ❯ rechts.

INFO

Informacja Turystyczna
- pl. Jana Pawła II 1 | 10-802 Olsztyn
  Tel. 0 89/5 21 03 98
  www.visit.olsztyn.eu

HOTELS

Park €€€
Moderne Anlage, zweckmäßig eingerichtete Zimmer, teils behinderten-
gerecht. Mit Restaurant und Terrasse.
- ul. Warszawska 119 | Olsztyn
  Tel. 0 89/5 24 06 04 | www.beph.pl

Omega Hotel €€
Das komfortable 3-Sterne-Haus steht mitten im Grünen am Krzywymsee.
- ul. Sielska 4a | Olsztyn
  Tel. 0 89/5 22 05 00
  www.omegahotel.pl

RESTAURANT

Przystań €€
Am Jezioro Ukiel wird der Fisch fangfrisch
zubereitet. Zusammen mit einem Bier auf
der Terrasse lässt sich der Genuss noch
steigern. ❯ mehr S. 14 Punkt ⑯
- ul. Żeglarska 3 | Olsztyn
  Tel. 0 89/5 35 01 81
  www.przystanolsztyn.pl

AKTIVITÄTEN

Masuren aus der Vogelperspektive und
rauschhaftes, luftiges Vergnügen bietet
eine Ballonfahrt – bei **First Class Balloo-
ning** ist man in sicheren Händen.
- Krzyżany 4 | 11-520 Ryn
  www.ballooning.pl
  Tel. (mobil) 601 43 43 43

HEILSBERG ④ ▮ F2
(LIDZBARK WARMIŃSKI)

Die knapp 50 km von Olsztyn entfernte Bischofsburg in **Lidzbark
Warmiński** wurde 1350 als Residenz
der ermländischen Bischöfe errichtet und ist neben der Marienburg
das beeindruckendste Bauwerk der
Region. Die hervorragend erhaltenen Innenräume bergen kunstvolle
Gewölbe sowie originale Wandbe-
malungen. Verblüffend: Seit einem
Umbau im 18. Jh. lächeln die barocken Putten in der Burgkapelle den
Betrachter von den Schnittpunkten
der gotischen Rippen aus an. Heute
ist in die Burg das innen modern

designte 4-Sterne-Hotel Krasicki und ein Museum zur Regionalgeschichte integriert (www.museum.olsztyn.pl, Juli/Aug. Di–So 10–18, Mai/Juni, Sept. Di–Sa 9–17, So 10 bis 18, sonst Di–So 10–16 Uhr).

HOHENSTEIN (OLSZTYNEK) 5 F3

Einen Ausflug in die Geschichte bietet Olsztynek, 26 km südlich von Olsztyn. 1927 hatten die Deutschen in der Nähe ein Ehrenmal aufgestellt, das an ihren Sieg über Russland im Ersten Weltkrieg, in der sogenannten »Zweiten Schlacht von Tannenberg«, erinnerte. Im August 1914 hatte hier Paul von Hindenburg die russische Armee »Narew« geschlagen. Vom Denkmal blieben nur ein Löwe auf dem Marktplatz und eine Eingangsarkade neben dem »Zajazd Mazurski« erhalten.

Eine Attraktion ist das Freilichtmuseum **Muzeum Budownictwa Ludowego** am Stadtrand (Ulica Leśna 23, Tel. 0 89/5 19 15 42, www.muzeumolsztynek.com.pl, Juli/Aug. tgl. 10–18, Mai/Juni, Sept. tgl. 9–17, 15. bis 30. April/Okt. Di–So 9–16 Uhr).

GRUNWALD 6 E3

Wer ein Faible für Geschichte hat, kann 20 km südlich von Olsztynek ein historisches Schlachtfeld aufsuchen. Am 15. Juli 1410 schlug das vereinigte polnisch-litauische Heer bei den Orten **Grunwald** (Grünfelde) und **Stębark** (Tannenberg) die Truppen des Deutschen Ordens vernichtend. Der Hochmeister Ulrich von Jungingen starb in der Schlacht, und damit war der Mythos

FREILICHTMUSEEN

- Das **Muzeum Budownictwa Ludowego** in **Olsztynek** präsentiert bäuerliche Architektur aus dem Ober- und dem Ermland. Hauptattraktion ist eine Gruppe von Windmühlen. > links
- 40 historische Bauten aus den Regionen Kaschubien und Kociewie, darunter eine Holzkirche aus Swornegacie, sind im **Kaszubski Park Etnograficzny** D2 zu sehen (ul. T. i I. Gulgowskich 68, Wdzydze Kiszewskie, www.muzeum-wdzydze.gda.pl, Juli bis Sept. tgl. 10–18, April–Juni, Okt. Di–So 9–16 Uhr.
- In Toruń lockt der **Park Etnograficzny** mit den Gehöften des Kulmerlandes, Kujawiens und der Tucheler Heide. > S. 111
- Touristischer Anziehungspunkt in Opole (Oppeln) ist das **Muzeum Wsi Opolskiej**, in dem Bauernhöfe und eine Kirche rekonstruiert worden sind. > S. 124
- Typische Bauten der beiden russischen Volksgruppen Südostpolens (Bojken und Lemken) sind im **Muzeum Budownictwa Ludowego** in **Sanok** zu bewundern. > S. 143
- Dachlaubenhäuser aus Orawa (Arwa) des 17. Jhs. präsentiert das **Muzeum Orawski Park Etnograficzny** E8 (Zubrzycy Górna, 50 km nordwestlich von Zakopane, www.orawa.eu, Mai–Sept. tgl. 9–17 Uhr).

Die prächtige Orgel in der Wallfahrtskirche Święta Lipka

von der Unbesiegbarkeit des Ritterordens gebrochen.

An das Ereignis erinnert ein 1960 errichtetes bombastisches Denkmal sowie die zum Jahrestag am 15. Juli veranstalteten Ritterspiele (www.grunwald1410.pl).

SENSBURG (MRĄGOWO) 7 📍 F2

Das Städtchen profitiert von seiner schönen Umgebung. Von hier aus sind die klassischen Touristenattraktionen und die größten der masurischen Seen wie die Wallfahrtskirche Święta Lipka in Tagesausflügen zu erreichen.

HOTEL

Mercure Mrągowo Resort & Spa €€€
Trotz den 215 Zimmern wirkt das Hotel heimelig. Mit gutem Restaurant, Spa, Reitstall. Fünf Minuten vom Seeufer.

• ul. Giżycka 6 | Mrągowo
Tel. 0 89/7 43 31 00
www.accorhotels.com

HEILIGELINDE 8 ⭐5 (ŚWIĘTA LIPKA) 📍 F2

Beliebt bei Masurenreisenden ist ein Besuch im Wallfahrtsort Święta Lipka. Schon die Fahrt über die Moränenhügel entlang der Seen begeistert. Auf einer großen Lichtung erhebt sich die **Wallfahrtskirche** aus dem 17. Jh. in überschwänglichem Barock. Überraschend ist der Anblick der imposanten Doppelturmfassade, die man eher in Italien als in Polen vermuten würde. Einen bleibenden Eindruck hinterlässt die bewegliche Orgel. Bei manchen Musikstücken drehen sich die Sterne, die Putten spielen Musikinstrumente und der Erzengel Gabriel verbeugt sich vor Maria, die daraufhin mit dem Kopf nickt (Św.Lipka 29, 11-440 Reszel, www.swlipka.org.pl; Orgelvorführungen Mai–Sept. Mo–Sa stdl. 9.30–11.30, 13.30 bis 17.30, April, Okt. Mo–Sa 10, 12, 14, Nov.–März Sa 10, 14 Uhr).

LÖTZEN (GIŻYCKO) 9 ▮ G2

Das meistbesuchte Ferienzentrum Masurens ist Giżycko. Seine Beliebtheit verdankt der Ort der traumhaften Lage zwischen dem **Jezioro Niegocin** (Löwentin-See) im Süden und dem **Jezioro Kisajno** (Kissain-See, eigentlich Teil des Mauersees) im Norden. 1772 wurden beide Seen durch einen Kanal miteinander verbunden, der heute vor allem Wassersportlern als Verkehrsweg dient; auch eine historische Drehbrücke ist erhalten. Von Giżycko aus kann man schöne Schiffsausflüge auf den über Kanäle verbundenen Seen unternehmen (Port Giżycko, Ulica Kolejowa 9, Tel. 0 87/4 28 25 78, www.zeglugamazurska.com.pl).

Außerhalb von Giżycko liegt die 1847–1853 erbaute **Festung Boyen,** eine nie bezwungene preußische Ringfestung (Twierdza Boyen, Ulica Turystyczna 1, Giżycko, www.boyen.gizycko.pl, Juli/Aug. tgl. 9–20, Mai, Juni und Sept. bis 18, April, Okt. bis 17 Uhr).

INFO

Centrum Informacje Turystycznej
• ul. Wyzwolenia 2 | 11-500 Giżycko
  Tel. 0 87/4 28 52 65
  www.gizycko.turystyka.pl

HOTELS

St. Bruno €€€
Das 4-Sterne-Hotel bietet modernsten Komfort und ein reichhaltiges Frühstücksbüfett in den festen Mauern einer umgebauten Deutschordensburg an der Drehbrücke über den Luczynski-Kanal.
• ul. Św. Brunona 1 | Giżycko
  Tel. 0 87/7 32 65 00
  www.hotelstbruno.pl

Europa €€
Sympathisches Hotel am Kissain-See mit Sport- und Unterhaltungsprogramm.
• ul. Wojska Polskiego 37 | Giżycko
  Tel. 0 87/4 29 30 01
  www.hoteleuropa-gizycko.pl

RESTAURANT

Tawerna Marina €€
Eine masurische Fischplatte mit Zander, Barsch und Maräne passt ins maritime Ambiente. Von der Terrasse blickt man auf die Segeljachten in der Ekomarina.
• ul. Dąbrowskiego 14 | Giżycko
  Tel. 0 87/4 28 47 34
  www.tawernamarina.pl

AUSFLUG ZUR WOLFSSCHANZE 10 ▮ F2

Etwa 30 km sind es bis zur Wolfsschanze (Richtung Kętrzyn, in Karolewo rechts ab). Beim Dorf **Gierłoż** (Görlitz) liegt inmitten der masurischen Wälder ein riesiger Bunkerkomplex, erbaut aus Tonnen von Stahl und Beton: das einstige Hauptquartier Adolf Hitlers, die »Wolfsschanze«. Hier verübte am 20. Juli 1944 Claus Graf Schenk von Stauffenberg sein Attentat auf den

»Führer«; die Bombe verletzte ihn aber nur leicht. Heute ist die Stätte ein viel besuchtes Touristenziel. Es werden Führungen angeboten (tgl. von 8 Uhr bis Sonnenuntergang, www.wolfsschanze.pl).

NIKOLAIKEN (MIKOŁAJKI) 11 ■ F2

Die Schönheit des Ortes Mikołajki ist unbestritten, denn er ist umgeben von Seen und weiten Wäldern. Besonders die Nähe zum größten masurischen See, dem **Jezioro Śniardwy** (Spirding-See, 115 km^2), macht den Fleck zu einem begehrten Tummelplatz für Wassersportler. Von Mikołajki legen Ausflugsschiffe der Reederei Żegluga Mazurska zu Fahrten über die großen Seen ab, die man sich nicht entgehen lassen sollte (Plac Wolności 15, Tel. 0 87/4 21 61 02, www.zegluga mazurska.com.pl).

Eindrucksvoller Abschluss der Masurenreise ist ein Besuch des 5 km östlich von Mikołajki gelegenen **Jezioro Łuknajno** (Lucknainer See). Am Ufer verbringen jährlich Tausende Graureiher und Höckerschwäne die Sommermonate. Hier kann man nach Herzenslust surfen, segeln, schwimmen, paddeln, wandern, reiten oder Rad fahren.

INFO

Informacja Turystyczna
• pl. Wolności 7
11-730 Mikołajki
Tel. 0 87/4 21 68 50
www.mikolajki.eu

HOTEL

Zamek Ryn €€€
18 km nördlich von Mikołajki bietet die umgebaute Deutschordensburg nobles Ambiente. Das Schwimmbecken wurde raffiniert in einem gotischen Kellergewölbe untergebracht.
• Zamek Ryn | 11-520 Ryn
Tel. 0 87/4 29 70 00
www.zamekryn.pl

RESTAURANT

Pod Łabędziem €
Idyllisch gelegener Gutshof mit regionaltypischer Hausmannskost am Jezioro Łuknajno. Auch einige Gästezimmer mit Blick auf den See.
• Łuknajno 1 | 11-730 Mikołajki
Tel. 0 87/4 21 68 62
www.luknajno.pl

AUSFLUG NACH KRUTYŃ 12 ■ F2

Der kleine Ort Krutyń liegt etwa 20 km südlich von Mikołajki, an einem der malerischsten Flüsse in der Wojwodschaft Ermland-Masuren, der Krutynia (Krutinna). Diese Adresse ist bei Paddlern schon längst kein Geheimtipp mehr. Wer kein eigenes Kajak oder Kanu dabei hat, kann sich ein Boot leihen. Außerdem werden in Krutyń Fahrten mit dem Stocherkahn angeboten: Mit langen Stangen werden die flachen Boote für fünf bis sechs Personen flussaufwärts gestakt, zurück treiben sie mit der Strömung wie von selbst (ca. 1,5 Std.). Ansonsten lohnt ein Bummel über den kleinen Souvenir- und Kunsthandwerkermarkt.

WARSCHAU & POLENS MITTE

Der 42-stöckige Kulturpalast in
Warschau wird vielseitig genutzt

In Mittelpolen stehen weniger Naturerlebnisse als vielmehr die Zeugnisse der Geschichte und Kultur im Vordergrund – allen voran in der pulsierenden Hauptstadt Warschau, aber auch in Posen, Gniezno oder Toruń.

Polens Mitte ist eine ebene Landschaft voller Melancholie, geprägt von sandigen Böden, Kopfweiden und den Flüssen Oder, Warthe, Weichsel und Bug, die sich seit Jahrtausenden hier ihren Weg bahnen.

Interessante Sehenswürdigkeiten und bedeutende Städte machen die fehlenden Berge oder Küsten rasch wieder wett. Warschau, das nach der völligen Zerstörung im Zweiten Weltkrieg wie ein Phönix aus der Asche auferstanden ist, bietet ein erstaunlich vielfältiges Kulturleben, wunderschöne Parkanlagen und ein dynamisch pulsierendes Stadtbild. Die Messestadt Posen ist die wirtschaftlich, kulturell und historisch wichtigste Stadt in Westpolen. Eine frühzeitige Zimmerreservierung ist besonders zu Messezeiten ratsam.

In der Attraktivitätsskala folgt Toruń (Thorn). Die im 14. und 15. Jh. blühende Hansestadt, die Danzig in nichts nachsteht, hatte mehr Glück, die gotische Altstadt ist noch in großen Teilen erhalten. Auch die Umgebung, reich an Deutschordensburgen, ist für Entdeckungen gut. Und nicht zuletzt auch das »hässliche Entlein« unter den polnischen Städten: Łódź. Die drittgrößte Stadt Polens, seit dem 19. Jh. Sitz der Textilindustrie, bietet immerhin beeindruckende historische Zeugnisse aus der Welt des Frühkapitalismus.

Zu den Attraktionen der Landesmitte zählen mehrere Nationalparks, Landschlösser, Burgen und romanische Kirchen. In einer Woche bekommt man bereits einen ersten Eindruck von der Region.

Blick über die Weichsel zur Altstadt von Toruń

TOUREN IN DER REGION

ZU DEN FRÜHEN ROMANISCHEN KIRCHEN

ROUTE: Posen › Lednica › Gniezno › Trzemeszno › Strzelno › Kruszwica › Inowrocław › Toruń

KARTE: Seite 90/91
DAUER: 3 Tage, ca. 160 km
PRAKTISCHE HINWEISE:
- Es ist eine Autotour mit Übernachtungen, am besten in Posen, Gniezno und Toruń.
- Falls die Kirche in Strzelno geschlossen ist, den Schlüssel nebenan im Museum abholen!

TOUR-START:

Das Gebiet um **Posen** gilt als Kernland des polnischen Staates. Im Jahr 966 christianisiert, wurden hier die ersten Kirchen aus Stein errichtet. Neben imposanten romanischen Gotteshäusern locken weitere Sehenswürdigkeiten, unter anderem die reizvolle Seenlandschaft bei Strzelno und das weitläufige Freilichtmuseum von Lednica.

Der Weg führt über **Lednica** mit seinem Freilichtmuseum nach **Gniezno** (Gnesen) `14` › S. 110, wo die romanische Bronzetür des Doms einen künstlerischen Höhepunkt der Tour darstellt.

Über **Trzemeszno**, in dem man eine barocke Kuppelkirche mit romanischen Resten besichtigen kann, gelangt man nach **Strzelno.** Hier erwartet die Besucher in der Kirche der Prämonstratenserinnen eine kunsthistorische Seltenheit: Die Säulen des Hauptschiffes wurden im 12. Jh. mit Skulpturen überzogen, rechts sind die personifizierten Tugenden zu sehen, links die Laster, darunter die Wollust mit an den Brüsten hängenden Schlangen und der sich die Haare vom Kopf raufende Zorn. Nicht nur die Säulen sind ein Rätsel, die Wissenschaftler grübeln darüber hinausgehend auch über die Bedeutung der direkt neben der Klosterkirche errichteten romanischen Rundkirche.

Den Ausflug rundet ein Abstecher zum nahegelegenen Ort **Kruszwica** ab, wo die romanische Stiftskirche St. Peter und Paul mit dem umgebenden Friedhof sowie ein mittelalterlicher Wohnturm sehenswert sind.

Gegen Ende der Route lohnt noch ein Halt bei der romanischen Marienkirche von **Inowrocław** (Hohensalza). Die in die Steinblöcke gehauenen Fratzen haben vermutlich eine Dämonen abwehrende Funktion: Deren schrecklicher Anblick soll das Böse von der Kirche fernhalten.

Von Inowrocław sind nur es knapp 40 km bis zum Tourende in das von Kriegsschäden weitgehend verschonte **Toruń** `17` › S. 111.

AUF DEN SPUREN DES DEUTSCHEN ORDENS

ROUTE: Toruń › Chełmża › Chełmno › Grudziądz › Radzyń Chełmiński › Golub-Dobrzyń

KARTE: Seite 90/91
DAUER: 2–3 Tage, ca. 180 km

PRAKTISCHE HINWEISE:
- Für diese Tour brauchen Sie unbedingt ein Auto.
- Als Basisstation der Tour empfiehlt sich die Stadt Thorn (Toruń), in der es gute Übernachtungsmöglichkeiten gibt.
- Auf einigen der Burgen werden im Sommer historische Ritterspiele veranstaltet, wie z. B. am ersten Juliwochenende in Golub-Dobrzyn (Informationen unter www.zamek golub.pl).

TOUREN IN POLENS MITTE

TOUR ⑥

ZU DEN FRÜHEN ROMANISCHEN KIRCHEN

Posen › Lednica › Gniezno › Trzemeszno › Strzelno › Kruszwica › Inowrocław › Toruń

TOUR-START:

Die romantischen Burgruinen des Deutschen Ordens › S. 112 stehen im Mittelpunkt dieser Tour. Nördlich von Toruń erstreckt sich das Kulmerland. Von hier aus begann der Orden 1230 die Eroberung des Preußenlandes. Zwischen 1250 und ca. 1340 wurden in der Region rund ein Dutzend Konventshäuser errichtet, die selbst als Ruinen noch Eindruck machen.

In **Chełmża** (Kulmsee) ragt stolz die Kathedrale des Kulmerlandes empor, Grabstätte des Siegfried von Feuchtwangen, der im 14. Jh. Hochmeister des Deutschen Ordens war. Nach dem Besuch des hoch über der Weichsel thronenden und von einer mittelalterlichen Stadtmauer umgebenen **Chełmno** (Kulm) gelangt man jenseits des Stroms nach **Świecie** (Schwetz) mit den mächtigen Überresten einer Deutschordensburg. Über **Grudziądz** (Graudenz), dessen Bergfried noch kurz vor Kriegsende 1945 in die Luft gesprengt wurde, nähert man sich **Radzyń Chełmiński** (Rehden), einer Burgruine wie aus dem Bilder-

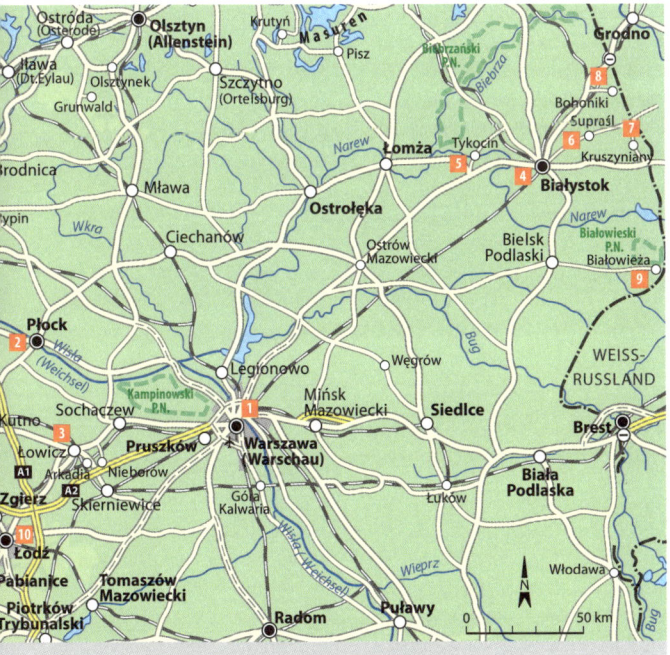

TOUR ❼

AUF DEN SPUREN DES DEUTSCHEN ORDENS

Toruń › Chełmża › Chełmno › Grudziądz › Radzyń Chełmiński › Golub-Dobrzyń

buch. Das nächste Ziel ist **Brodnica** (Strasburg) mit einem gut erhaltenen Bergfried, den Friedrich Wilhelm IV. 1842 auf der Durchreise nach St. Petersburg vor dem Abbruch rettete. Hat man erst die scheinbar nicht enden wollende Treppe erstiegen, breitet sich einem zu Füßen eine gut erhaltene mittelalterliche Kleinstadt aus. Die Anfang des 14. Jhs. errichtete Burg **Golub-Dobrzyń** (Gollub) lohnt einen Halt, bevor man nach **Toruń** 17 › S. 111 zurückfährt, das ebenfalls sehenswerte Reste einer Deutschordensburg besitzt.

UNTERWEGS IN WARSCHAU 1 📖 F4

Warschau ist heute eine boomende Metropole, in der ein Wolkenkratzer und ein Shoppingcenter nach dem anderen Rekorde bricht – noch höher, noch teurer. Der rekonstruierte historische Stadtkern und die Neubauviertel lassen kaum erahnen, dass Warschau am Ende des Zweiten Weltkriegs zu über 80 % zerstört und fast menschenleer war. Die deutschen Besatzer hatten nach dem Warschauer Aufstand 1944 alle Häuser westlich der Weichsel gesprengt, während die Rote Armee bereits die Stadtteile am gegenüberliegenden Ufer eingenommen hatte.

VOM KULTURPALAST ZUM GROSSEN THEATER

Egal an welcher Stelle man sich befindet, von überall ist der monumentale **Kulturpalast** Ⓐ 📖 a4/5 zu sehen. Mitten im Zentrum protzt das 1952–1955 errichtete Hochhaus im Zuckerbäckerstil, ein Geschenk der Sowjetunion an das polnische »Brudervolk«. Heute tut sich die Hauptstadt (1,75 Mio. Einwohner) schwer mit diesem stalinistischen Erbe, denn die Unterhaltskosten für die 3288 Räume sind enorm. Im Kulturpalast befinden sich u.a. Theater, Museen und ein Kino. Von der Aussichtsplattform im 30. Stock genießt man einen grandiosen Blick über Warschau (www.pkin.pl, tgl. 10–20 Uhr, 20 PLN).

In nördlicher Richtung führt der Weg vorbei an der Allerheiligenkirche zur **Nożyk-Synagoge** Ⓑ 📖 a4. Das eher unscheinbare Bethaus (erbaut 1900), das als einziges von drei im einstigen Ghetto erhalten blieb, wird heute von der kleinen jüdischen Gemeinde in Warschau genutzt. Von hier aus kann man einen Abstecher Richtung Westen zum **Museum des Warschauer Aufstandes** machen › S. 95 (www.1944.pl, ca. 15 Gehminuten).

Richtung Osten erreicht man in ein paar Minuten die **Protestantische Kirche** (Zbór Ewangelicko-Augsburski) Ⓒ 📖 b3. Die klassizistische Rotunde mit zylindrischem Baukörper und Laternenkuppel von 1781 ist wegen ihrer hervorragenden Akustik ein beliebter Veranstaltungsort für Chor- und Orgelkonzerte. Chopin gastierte hier im Alter von 14 Jahren.

Nicht rekonstruiert wurde das **Sächsische Palais.** Allein ein Fragment des Arkadengangs steht noch. Hier befindet sich seit dem Ende des Ersten Weltkriegs das **Grab des Unbekannten Soldaten** (Grób Nieznanego Żołnierza) ⑩ ▐ b3. Aus ganz Europa wurden Urnen mit Erde von Schlachtfeldern, auf denen polnische Soldaten gefallen waren, zusammengetragen (Wachablösung tgl. 12 Uhr). Dahinter erstreckt sich der **Sächsische Garten** (Ogród Saski), dessen große Achse der Architekt des Dresdner Zwingers, Matthes Daniel Pöppelmann, anlegte.

Nach einem Spaziergang durch den Park kommt man zum 1825 bis 1833 erbauten **Großen Theater** (Teatr Wielki) ⓔ ▐ b3, das zur Zeit der Polnischen Teilungen den Stolz der Kulturnation ausdrücken sollte. Das Gebäude gilt mit der vom italienischen Architekten Antonio Co-

razzi gestalteten Fassade als Musterbeispiel klassizistischer Baukunst. Heute dient es als Nationaloper, auch für Ballettaufführungen (www. teatrwielki.pl, Tel. 0 22/8 26 50 19).

KAPUZINERKIRCHE UND KRASIŃSKI-PALAIS

Der weitere Weg führt auf der Ulica Senatorska und der Ulica Miodowa an prächtigen Stadtpalais vorbei zu der barocken **Kapuzinerkirche** ⓕ ▐ b2 aus dem 17. Jh. In einer der Kapellen sind das Herz des Stifters, König Jan III. Sobieski, sowie die einbalsamierten Eingeweide Augusts des Starken eingemauert. Vorbei an dem 1989 geschaffenen **Denkmal der Helden des Warschauer Aufstandes** sowie an dem neueren postmodernen Bau des Obersten Gerichts geht es zum barocken **Krasiński-Palais** ⓖ ▐ a2. Der aus den Niederlanden stam-

Der Schlossplatz ist Teil der nach dem Zweiten Weltkrieg wiederaufgebauten Altstadt

DUNKLE KAPITEL

![Denkmal]

Das Denkmal der Helden des Ghetto-Aufstandes

Im Laufe der Geschichte hat Warschau zahlreiche Katastophen erlebt. Aber weder die Verwüstungen während der Nordischen Kriege, noch die Besetzung durch die Russen und die Aufstände zur Zeit der Polnischen Teilungen brannten sich so in die Erinnerung der Warschauer ein wie die Grauen des Zweiten Weltkriegs.

WARSCHAUER GHETTO

Es waren Jahre des Terrors und der Vernichtung eines großen Teils der Bevölkerung. Hunderttausende Bewohner wurden zur Zwangsarbeit nach Deutschland oder in Konzentrationslager deportiert und umgebracht. Das dunkelste Kapitel der deutschen Besatzung ist sicherlich die Geschichte des Warschauer Ghettos. Ab 1940 wurden die jüdischen Einwohner der Stadt in einem immer enger gefassten Gebiet zusammengepfercht. Täglich fuhren vom Umschlagplatz Güterzüge ins 100 km entfernte Vernichtungslager Treblinka. Als für die wenigen im Ghetto verbliebenen Menschen die Lage immer aussichtsloser wurde, beschlossen die Verzweifelten den bewaffneten Kampf gegen die

Peiniger. Am 19. April 1943 brach der Ghetto-Aufstand aus. Die SS-Einheiten schlugen ihn in vier Wochen nieder; anschließend wurde das Ghetto dem Erdboden gleichgemacht. Die meisten Kämpfer wurden erschossen oder im KZ Treblinka ermordet, einige konnten untertauchen und sich dem polnischen Widerstand anschließen.

Das **Denkmal der Helden des Ghetto-Aufstandes** (pomnik Bohaterów Getta, Ulica Zamenhofa), das der Bildhauer Natan Rappaport 1948 entwarf, erinnert an den mutigen Kampf der jüdischen Frauen und Männer. Willy Brandts Kniefall vor dem Monument 1970 ging in die Geschichte ein, weil er im Namen des deutschen Volkes als Bitte um Vergebung für die Naziverbrechen verstanden wurde. Neben dem Mahnmal eröffnete 2014 das **Museum der Geschichte der polnischen Juden** ⭐ 🔖 F4, das jüdisches Leben vom Mittelalter bis in die Gegenwart dokumentiert:

• Muzeum Historii Żydów Polskich
  ul. Anielewicza 6 | www.polin.pl
  Mo, Do/Fr 10–18, Mi, Sa/So 10–20 Uhr;
  Kasse schließt jew. 120 Min. früher

WARSCHAUER AUFSTAND

Am 1. August 1944 erhob sich die Stadtbevölkerung gegen das nationalsozialistische Besatzungsregime. Treibende Kraft des Aufstands war die bürgerliche Londoner Exilregierung, die direkt vor dem Einmarsch der Truppen Stalins eine legitime Regierung in der Hauptstadt etablieren wollte. Die Rote Armee stand zu diesem Zeitpunkt schon in der Nähe des östlichen Weichselufers, griff jedoch aus politischen Überlegungen heraus nicht in die Kämpfe ein, was während der Ära des Kommunismus ein Tabuthema war. Wehrmacht und SS-Verbände legten Warschau in Schutt und Asche. In einem 63-tägigen erbitterten Kampf kamen rund 200000 Menschen ums Leben, zum Großteil Zivilisten, die in Massenhinrichtungen oder durch Bombardements den Tod fanden. Bis heute werfen die Polen dem russischen Staat vor, die Vernichtung Warschaus und den Tod seiner Bewohner durch ihr Nichteingreifen mitverschuldet zu haben.

An die tragischen Ereignisse erinnern das **Denkmal der Helden** sowie das **Museum des Warschauer Aufstandes** 🔖 F4, eines der modernsten Museen Polens mit multimedialem Ausstellungskonzept:

• Muzeum Powstania Warszawskiego
  ul. Grzybowska 79
  Tel. 0 22/5 39 79 05 | www.1944.pl
  Mo, Mi, Fr 10–18, Do 10–20,
  Sa/So 10–18 Uhr

BUCH-TIPP

Andrzej Szczypiorski zeichnet in seinem Buch »Die schöne Frau Seidenman« (Diogenes 1997) ein differenziertes Bild Warschaus während der deutschen Besatzung.

Literaturnobelpreisträger Isaac Bashevis Singer beschreibt in »Eine Kindheit in Warschau« (dtv 2000) aus der Perspektive eines kleinen Jungen in humorvoll-nachdenklichen Kurzgeschichten das jüdische Leben in Warschau vor dem Ersten Weltkrieg.

mende Architekt Tilman van Gameren entwarf das Palais mit seiner eleganten Fassade 1677. Heute beherbergt es die **Nationalbibliothek,** zu deren Beständen eine kostbare Handschriftensammlung gehört.

Westlich vom Krasiński-Park stehen das **Denkmal der Helden des Ghetto-Aufstandes** (etwa 10 Gehminuten) und das spannende **Museum der Geschichte der polnischen Juden** › S. 95.

DIE ALTE NEUSTADT

Die verwinkelten Gassen der alten Neustadt und der Altstadt sind Fußgängerzone. Über dem **Neustädter Markt** (Rynek Nowego Miasta) erhebt sich die Kuppel der barocken **Kirche der Sakramentsschwestern** Ⓗ ▮ a/b1, ein Zentralbau mit Klostergebäude. Hier war Tilman van Gameren am Werk, der als Hauptmeister des polnischen Barock gilt.

Am Weichselufer ragt der Glockenturm der gotischen **Marienkirche** Ⓘ ▮ b1 empor. Von der Terrasse hinter der Kirche schweift der Blick bis zum Fluss über den **Multimedia-Springbrunnenpark** Ⓙ ▮ b1, der wegen seiner fantastischen Wasserspiele und Fontänen besonders bei Kindern sehr beliebt ist (www.estrada.com.pl). › mehr S. 16 Punkt ㉔

Der Weg in die Altstadt führt vorbei am **Marie-Skłodowska-Curie-Museum** Ⓚ ▮ b1. Hier in der Ulica Freta 16 wurde 1867 die berühmte Chemikerin, Physikerin, zweifache Nobelpreisträgerin und Mitbegründerin der Radiochemie geboren. Gemeinsam mit ihrem Mann, Pierre Curie, entdeckte sie das radioaktive Element Polonium, das sie nach ihrer Heimat benannte (Muzeum Marii Skłodowskiej-Curie, www.muzeum-msc.pl, Juni bis Aug. Di–So 10–19, sonst Di–So 9 bis 16.30 Uhr).

ALTSTADT (STARE MIASTO)

Die Warschauer Altstadt, die auf das 13. Jh. zurückgeht, wurde nach 1945 rekonstruiert und gehört heute zum UNESCO-Weltkulturerbe. Aber der Wiederaufbau war nicht nur künst-

Ⓐ Kulturpalast
Ⓑ Nożyk-Synagoge
Ⓒ Protestantische Kirche
Ⓓ Grab des Unbekannten Soldaten
Ⓔ Großes Theater
Ⓕ Kapuzinerkirche
Ⓖ Krasiński-Palais
Ⓗ Kirche der Sakramentsschwestern
Ⓘ Marienkirche
Ⓙ Multimedia-Springbrunnenpark
Ⓚ Marie-Skłodowska-Curie-Museum
Ⓛ Barbakane
Ⓜ Altstädtischer Markt
Ⓝ Johanneskathedrale
Ⓞ Königsschloss
Ⓟ St. Annenkirche
Ⓠ Radziwiłł-Palais
Ⓡ Visitantinnenkirche
Ⓢ Universität
Ⓣ Kopernikus-Denkmal
Ⓤ Chopin-Museum
Ⓥ Nationalmuseum
Ⓦ Alexanderkirche

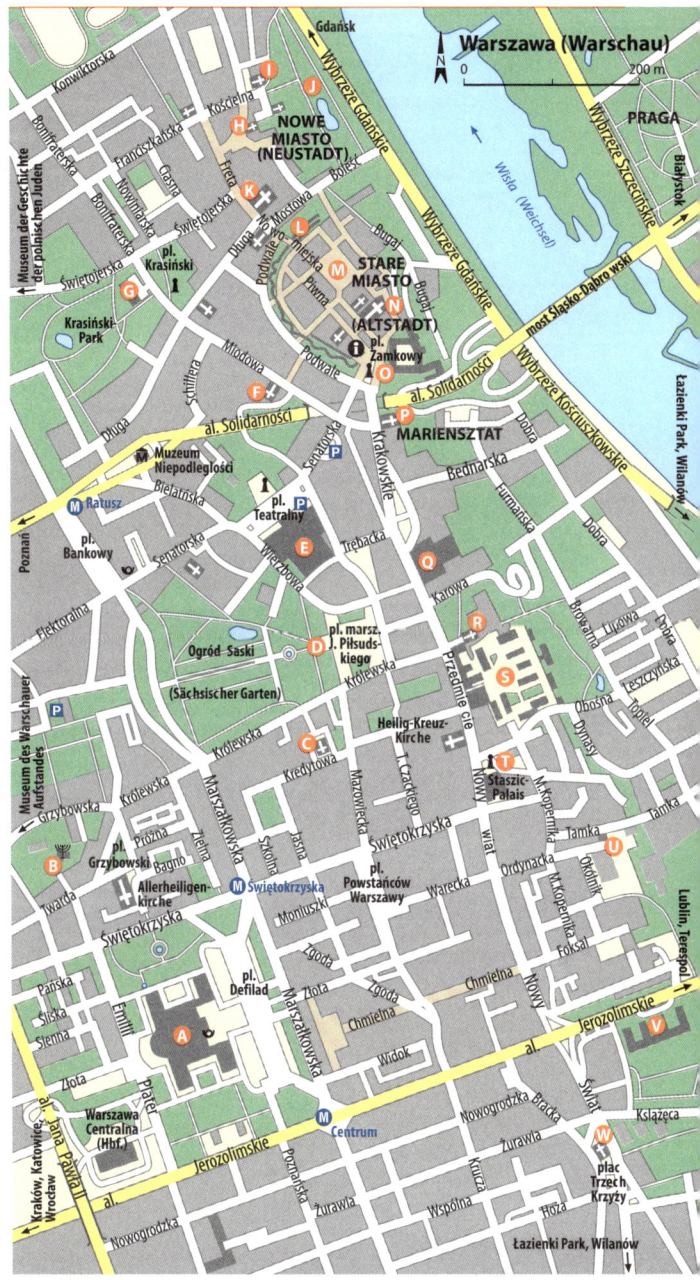

Warszawa (Warschau)

Kopernikus-Denkmal

lerisch von Bedeutung, sondern Ausdruck des nationalen Selbstbewusstseins.

Die **Barbakane** b1, eine massive runde Vortorbefestigung aus dem 16. Jh., markiert den Eingang in die Altstadt. Eine vergleichbare Barbakane besitzt Krakau, kleinere Bastionen findet man z.B. in Carcassonne oder Rothenburg ob der Tauber. Dreh- und Angelpunkt der Altstadt ist der **Altstädtische Markt** (Rynek Starego Miasta) b1/2, der von dreistöckigen Bürgerhäusern, ursprünglich aus dem 15. bis 19. Jh., umrahmt wird. Hier flanieren Hauptstädter wie Touristen gleichermaßen gern. Man trifft sich zu einem Kneipenbummel oder in einem der zahlreichen Cafés. Junge Künstler preisen Porträts und verschiedene Altstadtansichten an.

Vom Marktplatz geht man in wenigen Minuten an der Jesuitenkirche vorbei zur **Johanneskathedrale** b2. Der gotische Sakralbau mit einem beachtenswerten Sterngewölbe geht auf das 14. Jh. zurück. Hier fanden viele berühmte Persönlichkeiten ihre letzte Ruhe, darunter der große Schriftsteller und Nobelpreisträger Henryk Sienkiewicz (»Quo Vadis?«, dtv, 2016).

Den südlichen Abschluss der Altstadt bildet der **Schlossplatz** (Plac Zamkowy) mit dem detailgenau rekonstruierten **Königsschloss** b2. Einige Stücke der Originalausstattung waren während des Zweiten Weltkriegs ausgelagert und konnten so gerettet werden. Der Canaletto-Saal zählt zu den schönsten Räumen – mit den 23 Stadtansichten des venezianischen Malers Bernardo Bellotto, genannt Canaletto (1720–1780). Die Ansichten dienten als Vorlage für den Wiederaufbau der Stadt nach dem Krieg (www.zamek-krolewski.pl, Di–Do, Sa 10–18, Fr 10–20, So 11–18 Uhr).

Auf dem Schlossplatz ragt die **Sigismundsäule** empor. Der gegenreformatorische Eifer Sigismunds III. Wasa bewog den Künstler dazu, dem König ein Kreuz in die Hand zu geben. Für ermüdete Besucher stehen Pferdekutschen (dorożki) zu Rundfahrten bereit.

DER KÖNIGSWEG

Der Trakt Królewski (Königsweg) führt zunächst vom Königsschloss in der Altstadt zum 4 km entfernten Łazienki-Park und dann 6 km weiter zur Sommerresidenz in Wilanów. Repräsentative Bauten säumen die verschiedenen Straßenzüge.

Den Auftakt macht die Krakowskie Przedmieście mit der **St. Annenkirche** 🅟 📱 b2. Das gotische Gotteshaus stammt aus der zweiten Hälfte des 15. Jhs., wurde aber mehrmals umgebaut und zeigt sich heute in klassizistischem Stil. Die Fassade wurde der venezianischen Palladio-Kirche Il Redentore nachempfunden.

Zu den eindrucksvollsten Profanbauten unterwegs zählt das **Radziwiłł-Palais** 🅠 📱 b3, der Sitz des Präsidenten. Das Reiterdenkmal im Ehrenhof, das den in der Leipziger Völkerschlacht gefallenen Fürsten Józef Poniatowski darstellt, stammt vom dänischen Bildhauer Bertel Thorvaldsen. Zwischen den Residenzen der großen Familien Polens liegt die spätbarocke **Visitantinnenkirche** 🅡 📱 b3 mit ihrer üppigen, durch Säulen und Skulpturen strukturierten Fassade und ihrer verspielten Rokokoausstattung.

Weiter führt der Weg vorbei an der **Universität** 🅢 📱 b/c3. Der von König Sigismund III. im 17. Jh. erbaute Pałac Kazimierzowski und die ehemaligen Paläste der Adelsfamilien Tyszkiewcz und Uruski dienen der Forschung und Lehre. Wohl kaum eine andere Hochschule verfügt über derart schöne Gebäude.

Freunde der Musik Chopins sollten die **Heilig-Kreuz-Kirche** schräg gegenüber des Universitätsgeländes besuchen: Im linken Pfeiler des Hauptschiffes wird das Herz des Komponisten aufbewahrt. Das eben-

falls von Thorvaldsen erschaffene **Kopernikus-Denkmal** 🆃 📱 b/c3 (1830) steht vor dem **Staszic Palais,** einem klassizistischen Bau aus dem 19. Jh., heute Sitz der Polnischen Akademie der Wissenschaften.

Vom Königsweg lohnt sich ein Abstecher zum **Chopin-Museum** (Muzeum Fryderyka Chopina) 🆄 ⭐ 📱 c4, wo man dank Chipkarte auch englischsprachige Erläuterungen zum Leben des Komponisten sowie Musik hören kann (Pałac Ostrogskich, Ulica Okólnik 1, www.chopin.museum, Di–So 11–20 Uhr).

Zurück auf dem Königsweg bummelt man auf den breiten Bürgersteigen die Nowy Świat (Neue Welt) mit ihren Geschäften hinunter. Die schmale Fahrbahn teilen sich Radler und öffentliche Busse. Erst am Kreisverkehr Rondo Charles'a de Gaulle'a beginnt mit der Aleje Ujazdowskie eine der Hauptverkehrsadern Warschaus. An der kreuzenden, stark befahrenen Aleje Jerozolimskie erhebt sich das wuchtige modernistische **Muzeum Narodowe** (Nationalmuseum) 🆅 📱 c4/5. Frühchristliche Fresken aus Faras im Sudan, mittelalterliche Skulpturen sowie Beispiele polnischer Malerei des 19.–21. Jhs. bilden die Höhepunkte der Sammlung. › mehr S. 16 Punkt ㉗ Bei gutem Wetter kann man sich auf den Liegestühlen des Museumscafés Lorentz ausruhen (Aleje Jerozolimskie 3, www.mnw.art.pl, Di–Do, Sa/So 10–18, Fr 10–21 Uhr).

Etwas weiter in südliche Richtung liegt die **Alexanderkirche** 🆆 📱 c5. Der 1818 errichtete klassizistische Bau steht auf einer Verkehrsinsel mitten auf dem »Platz der drei Kreuze« (Plac Trzech Krzyży). In dessen Umgebung haben viele teure Restaurants und internationale Designer ihre Adressen.

ŁAZIENKI-PARK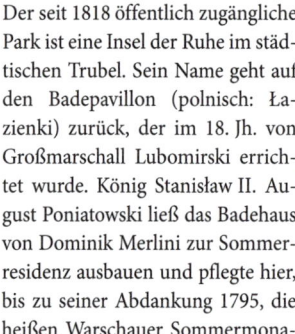

Der seit 1818 öffentlich zugängliche Park ist eine Insel der Ruhe im städtischen Trubel. Sein Name geht auf den Badepavillon (polnisch: Łazienki) zurück, der im 18. Jh. von Großmarschall Lubomirski errichtet wurde. König Stanisław II. August Poniatowski ließ das Badehaus von Dominik Merlini zur Sommerresidenz ausbauen und pflegte hier, bis zu seiner Abdankung 1795, die heißen Warschauer Sommermonate zu verbringen.

Neben dem prächtigen Łazienki-Palast (Pałac na Wodzie) befindet sich das einem antiken Amphitheater nachempfundene **Theater auf der Insel** von 1790 (Open-air-Kino Juli/Aug. 21 Uhr). Im Park existiert noch ein zweites barockes Hoftheater in der **Alten Orangerie.** Illusionsmalerei täuscht hier mit Zuschauern besetzte Logen vor (www.lazienki-krolewskie.pl, Palais: Di–So 10–18, Orangerie: Di–So 10 bis 18 Uhr).

Durch den Park führt die Ulica Agrykola. › mehr S. 16 Punkt ❸⓿ Im oberen Teil des Łazienki-Parks, nahe der Aleje Ujazdowskie, sitzt unter einer Trauerweide **Frédéric Chopin,** 1810 bei Warschau geboren. Sein **Denkmal** ist umgeben von einem Rosengarten, der sich im Sommer in einen Open-Air-Konzertsaal verwandelt – bei freiem Eintritt (Mitte Mai–Sept. So 12, 16 Uhr).

SCHLOSS WILANÓW ⭐

Mit Bus (ca. 30 Min., Nr. 180), Straßenbahn oder Taxi geht es an die südliche Stadtgrenze nach Wilanów zur ehemaligen Sommerresidenz von König Jan III. Sobieski, dem Sieger über die Türken bei Wien 1683. Das Schloss gilt vielen als der schönste profane Barockbau Polens. Auch der großzügig angelegte **Schlosspark** ist außerordentlich reizvoll (www.wilanow-palac.art. pl, Schloss: April–Mitte Okt. Mo, Mi, Sa/So 9.30–18, Di, Fr, 9.30–16, sonst Mi–Mo 9.30–16, Park: tgl. ab 9, Juni/Juli bis 22, Mai, Aug. bis 21, April bis 20, Sept. bis 19, Okt.–März bis 16 Uhr).

Der ausgezeichnete Ruf der polnischen Plakatschule › S. 42 lohnt den Besuch des **Plakatmuseums** in der ehemaligen Reitschule des Schlosses (www.postermuseum.pl, Mo 12–16, Di, Do/Fr 10–16, Mi, Sa/ So 10–18 Uhr).

RECHTS DER WEICHSEL

Das im 18. Jh. eingemeindete Stadtviertel **Praga** bietet nicht nur eine schöne Sicht auf das gegenüberliegende Ufer mit der Altstadt, sondern auch einige Entdeckungen in aufgelassenen und restaurierten Industriegebäuden. Rote Backsteinmauern umfassen das Areal der ehemaligen Wodkafabrik Koneser. Hier widmet sich das **Muzeum**

Im Barockschloss ist das Museum des Schlosses Königs Jan III. in Wilanów untergebracht

Polskiej Wodki, das Wodkamuseum, der Geschichte des polnischen Nationalgetränks, von Produktion über Sorten bis zu Gläsern und Trinkkultur (Plac Konesera 1, muzeumpolskiejwodki.pl, So–Do 10–20, Fr/Sa 11–21 Uhr).

Auch das Gelände der **Soho Factory** lohnt einen Abstecher, denn das **Muzeum Neonów** (Mińska 25, www.neonmuzeum.org, Mo–Fr 12 bis 17, Sa 12–18, So 11–17 Uhr) sammelt, bewahrt und dokumentiert die erhaltenen schwungvollen, bunten Leuchtstoffröhren aus Zeiten der Volksrepublik.

INFO

Stołeczne Biuro Turystyki
- Rynek Starego Miasta 19/21/21a
  00-272 Warszawa
  www.warsawtour.pl

Weitere **Informationsstellen** befinden sich im Kulturpalast (Eingang ul. Emilii Plater gegenüber dem Hbf.) und am Chopin-Flughafen.

VERKEHR

Das **Nahverkehrsnetz** ist gut ausgebaut (www.ztm.waw.pl): Metro 1 (von Nord nach Süd Młociny–Kabaty) und Metro 2 (von West nach Ost Rondo Daszyńskiego–Dworzec Wileński) kreuzen sich an der Station Centrum. Zudem gibt es Busse, Straßenbahnen und im Sommer drei Weichselfähren (Mai/Juni Sa/So, Juli/Aug. tgl. 10 bis 18 Uhr, Springbrunnenpark-Zoo, Poniatowskiego-Brücke–Nationalstadion, Czerniakowski-Landzunge–Saska Kępa) sowie eine **Wasserstraßenbahn** (Czerniakowski-Landzunge–Poniatowskiego-Brücke, Mai bis Aug. Sa/So 11–17 Uhr).

HOTELS

Chopin Boutique Bed & Breakfast €€
1910 erbautes, in ein stilvolles B & B umgewandeltes modernistisches Gebäude mit super Frühstück. > mehr S. 13 Punkt **9**
- ul. Smolna 14 | Warszawa
  Tel. 0 22/8 29 48 00 | www.bbwarsaw.com

Harenda €€
Im historischen Stadtkern, gediegen schlichte Zimmer.

- ul. Krakowskie Przedmieście 4/6
  Warszawa | Tel. 0 22/8 26 00 71
  www.hotelharenda.com.pl

Hetman €€
Solides Hotel am rechten Weichselufer
neben dem Kinokomplex Praga, mit komfortablen Zimmern.
- ul. Kłopotowskiego 36 | Warszawa
  Tel. 0 22/5 11 98 00
  www.hotelhetman.pl

MDM €€
Verkehrsgünstig gelegenes, familienfreundliches 3-Sterne-Hotel.
- Plac Konstytucji 1 | Warszawa
  Tel. 0 22/3 39 16 00
  www.hotelmdm.com.pl

Zajazd Napoleonki €€
Eleganter Gasthof mit Garten 5 km östlich
vom Zentrum. Schon Napoleon residierte
hier. Feine Küche.
- Płowiecka 83 | Warszawa
  Tel. 0 22/8 15 30 68
  www.napoleon.waw.pl

RESTAURANTS
Zielony Niedźwiedź €€€
Zeitgemäße polnische Küche, die der
Slow-Food-Bewegung folgt, in einem Park.
Reservieren!
- ul. Smolna 4 | Warszawa
  Tel. (mobil) 795 79 47 84
  www.kafezn.pl

Pod Samsonem €€
Das beste jüdische Restaurant Warschaus
(keine koschere Küche) mit gemütlicher
Atmosphäre. > mehr S. 14 Punkt ⑬
- ul. Freta 3–5 | Warszawa
  Tel. 0 22/8 31 17 88
  www.podsamsonem.pl

Warszawa Wschodnia €€
Backsteinarchitektur, stylishes Ambiente
mit offener Küche im Stadtteil Praga. Pol-
nisch-internationale Speisekarte und tolle
Terrasse. > mehr S. 13 Punkt ⑩
- Mińska 25 (Soho Factory)
  Warszawa | Tel. 0 22/8 70 29 18
  www.mateuszgessler.com.pl

Sam €
Bei den Studenten beliebtes Café mit Bio-
kost, frischen Salaten und Smoothies.
Biobäcker und -laden im UG.
- Lipowa 7a | Warszawa
  Tel. (mobil) 600 80 60 84
  www.sam.info.pl

Pijalnia Czekolady E. Wedel €
Der traditionsreiche Schokoladenhersteller
kann mehr als feine Pralinen fabrizieren.
In den Cafés kann man z. B. auf eine Trink-
schokolade einkehren (weitere Filialen:
Złote Tarasy, InterContinental).
- ul. Zamoyskiego 36 | Warszawa
  www.wedelpijalnie.pl

SHOPPING
Złote Tarasy
Das Shoppingcenter mit dem Namen
Goldene Terrassen gleich hinter dem Zen-
tralbahnhof beherbergt neben Boutiquen,
Parfümerien, Delikatessenläden, Cafés und
Restaurants auch einen Kinokomplex.
- Złota 59 | Warszawa
  www.zlotetarasy.pl
  tgl. 9–21 Uhr

Hale Mirówskie
In den denkmalgeschützten Markthallen
findet man vom Supermarkt bis zum
Tattoostudio ein breites Angebot sowie
viele Imbisse, Gemüse- und Obststände.
- Plac Mirowski 1 | Warszawa

NIGHTLIFE

Als Partyviertel gelten **Powiśle**, wo sich die Klubszene abends am alten Bahnhofspavillon Warszawa-Powiśle unter der Poniatowski-Brücke trifft und einen *wisła mule* schlürft (ul. Kruczkowskiego 3B, www.facebook.com/warszawapowisle), und **Praga.** Dort zieht man z. B. von **W Oparach Absurdu,** der Kneipe mit Wohnzimmeratmosphäre und Livegigs (ul. Ząbkowska 6, www.facebook.com/woparachabsurdu), weiter zur **Fabryka Trzciny** (ul. Otwocka 14, www.fabrykatrzciny.pl), der etablierten Adresse für Kunst- und Modefans. Oder man feiert im Hinterhofklub **Hydrozagadka** (www.hydrozagadka.com, ul. 11 Listopada 22).

Im Sommer locken die Weichselstrände am Pragaer Ufer mit Sand, Liegestühlen und Strandkörben. Badminton- und Volleyballplätzen, Grill, Bars und DJs (ul. Wybrzeże Helskie 1/5, ul. Wybrzeże Szczecińskie und ul. Wał Miedzeszyński).

AUSFLÜGE VON WARSCHAU

PŁOCK `2` ▌ E4

Das etwa 100 km nordwestlich von Warschau gelegene Płock (122 000 Einw.) war die erste Hauptstadt Masowiens. Heute ist es Zentrum der Erdölindustrie. Allerdings erstreckt sich auf dem steilen Weichselufer der sehenswerte **Burg-** und **Kathedralkomplex,** dessen Ursprünge im 11. Jh. liegen. Der prächtige Innenraum der Kathedrale stammt jedoch aus dem 19. Jh. In der Königskapelle befinden sich die Grabmäler von Władysław I. Herman (1079–1102) und seinem Sohn Bolesław III. Krzywousty, genannt Schiefmund

(1102–1138). Einzigartig in Polen ist die Jugendstilsammlung in der Burg der masowischen Herzöge. Sie umfasst Möbel, Kunsthandwerk und Gemälde (Muzeum Mazowieckie, Ulica Tumska 8, www.muzeumplock.art.pl, Mai–Mitte Okt. Di–So 10–17, sonst bis 16 Uhr).

ŁOWICZ `3` ▌ E4

Die Stadt südwestlich von Warschau ist in Polen für ihre bunte Volkskunst bekannt. Am besten besucht man die Stadt zu Fronleichnam, wenn die Łowiczer in den feierlichen Prozessionen ihre traditionellen Trachten tragen. Das volkskundliche Museum, **Muzeum w Łowiczu,** bietet einen guten Überblick über Brauchtum und Kunsthandwerk (Stary Rynek 5 7, www.muzeumlowicz.pl, Di–So 10–16 Uhr).

Vor den Toren von Łowicz liegt **Arkadia.** Schon der Name des Dorfs weckt Sehnsüchte. Helena Radziwiłł ließ sich hier 1778–1785 ihr privates Paradies erschaffen. Der malerische Landschaftsgarten mit seinen Teichen und Bächlein, klassizistischem Diana-Tempel, Aquädukt und Haus des Hohepriesters lädt zum Lustwandeln ein (www.nieborow.art.pl, tgl. 10 Uhr bis Sonnenuntergang).

3 km entfernt steht der Barockpalast von **Nieborów,** den Tilman van Gameren 1690–1696 schuf. Der Palast, den weitläufige Gärten umgeben, beherbergt eine Sammlung historischer Gemälde und antiker Skulpturen (www.nieborow.art.pl, März/April, Okt. Di–Sa 10–15.30, Mai/Juni tgl. 10–18, Juli–Sept. Mo bis Fr 10–16, Sa/So 10–18 Uhr).

UNTERWEGS IN POLENS MITTE

BIAŁYSTOK `4` 🏛 H3

Die größte Stadt im äußersten Nordosten Polens verdankt ähnlich wie Łódź ihren Aufschwung der Textilindustrie. Hier leben neben Polen viele Weißrussen.

Als polnisches Versailles wurde der barocke **Branicki-Palast** bezeichnet den Tilman van Gameren im 17. Jh. errichtete und Sigismund Deybel im 18. Jh. umbaute. Die dreiflügelige Anlage mit Risalittürmen dient heute als Sitz der Universität. Der gepflegte Park hinter dem Palast lädt zu einem Spaziergang ein (tgl. 6–22 Uhr).

Bis zum Holocaust gab es hier eine starke jüdische Gemeinde. Daran erinnert das Zamenhofzentrum in seiner Ausstellung über den Erfinder der Kunstsprache Esperanto, Ludwik Zamenhof (1859–1917), und seine von vielen Sprachen, Kulturen und Religionen geprägte Kindheit in Białystok. Im 25 km entfernt gelegenen **Tykocin** `5` 🏛 G3 blieb eine Synagoge aus dem 17. Jh. erhalten, die heute als Museum dient (Ulica Kozia 2, 16-080 Tykocin, www.muzeum.bialystok.pl, Mai bis Sept. Di–So 10–18, sonst bis 17 Uhr).

INFO

Centrum Informacji Turystycznej
• ul. Odeska 1
  15-406 Białystok
  Tel. 0 85/7 32 68 31
  www.odkryj.bialystok.pl

HOTEL

Branicki €€€
Stilvolles Boutiquehotel mit komfortablen Zimmern, gutem Restaurant.
• Zamenhofa 25 | Białystok
  Tel. 0 85/6 65 25 00
  www.hotelbranicki.com.pl

SUPRAŚL `6` 🏛 H3

Das wehrhafte orthodoxe Kloster in Supraśl wurde 1503–1511 erbaut. Besonders wertvoll sind die erhaltenen Heiligenbilder aus der Renaissancekirche, die das benachbarte Ikonenmuseum ausstellt (Ulica Klasztorna 1, 16-030 Supraśl, www.muzeum.bialystok.pl, Mai–Aug. Di bis Do, Sa/So 10–17, Fr 10–18, sonst Di–So 10–17 Uhr).

Einige Kilometer weiter östlich befinden sich zwei der letzten Tatarendörfer Polens: **Kruszyniany** `7` 🏛 H3 und **Bohoniki** `8` 🏛 H3. Im 17. Jh. siedelte König Johann III. Sobieski hier Muslime an, die auf der Seite Polens in diversen Kriegen mitkämpften. Sie errichteten im 18. und 19. Jh. zwei Moscheen aus Holz, die bis heute genutzt werden.

BIAŁOWIEŻA `9` 🏛 H3

Im äußersten Osten Polens erstreckt sich 90 km südöstlich von Białystok der einzige zusammenhängende Primärwald, der sich im Tiefland Europas erhalten hat. Charakteristisch ist die artenreiche Flora, allein der Mischwald besteht aus 26 Baumarten. Der Nationalpark **Białowieski Park Narodowy** ist fast 1300 km² groß und wird durch die polnisch-weißrussische Grenze geteilt. Knapp 600 km² liegen auf polnischem Gebiet. Der 1921 gegründete Park ist für seine Wisente berühmt. Auch die rückgezüchteten Tarpane, kleine Wildpferde, haben hier ihren Lebensraum wie Wölfe, Elche, Bären, Luchse, Biber und Schwarzkopfadler. Die 50 km² große strengste Schutzzone ist nur mit einem Führer zugänglich. Anonsten erschließen markierte Wege den Urwald. Besichtigen kann man das Bisonreservat und das Parkmuseum (Di bis So 9–16 Uhr).

INFO

Museum des Nationalparks
- ul. Park Pałacowy 11 | 17-230 Białowieża
  Tel. 0 85/6 81 22 75
  www.bpn.com.pl

HOTEL

Żubrówka €€€
Behagliches rustikales Landhausambiente mit Pool und Spa.
- ul. Olgi Gabiec 6 | Białowieża
  Tel. 0 85/6 82 94 00
  www.hotel-zubrowka.pl

LODZ (ŁÓDŹ) 🔟 📖 E5

Die lebhafte Universitätsstadt besticht durch historische Bauten aus der frühen Phase der Industrialisierung. In den vergangenen Jahren wurden viele Fabrikgebäude zu Malls, Arbeitersiedlungen zu Lofts und die Paläste der Textilbarone zu schicken Galerien umgestaltet.

Zentrale Flaniermeile ist die Ulica Piotrkowska, eine von Jugendstilhäusern gesäumte Fußgängerzone. Nordwestlich davon befindet sich der Komplex **Manufaktura,** der aus der Textilfabrik von Izrael Poznański hervorging (www.manufaktura.com). Dieser bewohnte gleich nebenan einen pompösen Palast – inzwischen Sitz des Stadtmuseums. Nun beherbergen die leuchtend roten Backsteinmauern Hotel, Restaurants, Kinosäle, Shoppingcenter sowie das Kunstmuseum **ms2** (Ulica Ogrodowa 19, Di 10–18, Mi–So 11 bis 19 Uhr). Es präsentiert Kunst des 20. und 21. Jh. in wechselnden Ausstellungen und gehört zum **Museum für Moderne Kunst ms1,** das in einem weiteren Stadtpalast von Poznański mit Werken von Chagall, Picasso, Leger und Ernst aufwarten kann (Ulica Więckowskiego 36, www.msl.org.pl, Di–Do, So 10–18, Fr/Sa10–20 Uhr).

Der Manufaktura-Komplex in Lodz

Einen Abstecher lohnt der **jüdische Friedhof** (Ulica Bracka, So–Fr 8–15 Uhr) im Norden. › mehr S. 16 Punkt **㉖**

Das **Textilmuseum** im Süden der Stadt ist wegen der original erhaltenen Fabrikhallen aus dem 19. Jh. mit historischen Textilwerkzeugen und -maschinen interessant (Biała Fabryka, Ulica Piotrkowska 282, www.muzeumwlokiennictwa.pl, Di und Mi, So 9–17, Fr 12–17, Do, Sa 12–19 Uhr).

Die Filmhochschule von Lodz genießt weltweit einen hervorragenden Ruf – hier studierten schon Andrej Wajda und Roman Polanski. Das **Filmmuseum** mit Fotoplastikon, histosichen Kameras und Kinoplakaten verdient genauso einen Besuch wie die vornehm eingerichtete Villa des Baumwollkönigs Karl Scheibler, in dem es untergebracht ist (Plac Zwycięstwa 1, www.kinomuzeum.pl, Di 10–17, Mi, Fr 9 bis 16, Do, Sa/So 11–18 Uhr).

INFO

Informacja Turystyczna
• ul. Piotrkowska 87
  90-423 Łódź
  Tel. 0 42/2 08 81 81
  travel.uml.lodz.pl

HOTEL

Vienna House Andel's €€€
Das Designhotel auf dem Manufaktura-Gelände kombiniert Eleganz mit Komfort. Spa und Fitnessbereich, Dachpool mit Glasdach.
• ul. Ogrodowa 17 | Łódź
  Tel. 0 42/2 79 10 00
  www.viennahouse.com

RESTAURANT

Polka €€
Polnische Küche, hervorragender Service und rustikales Design gehören zum Erfolgsrezept von Madga Gessler. › mehr S. 14 Punkt **⑪**
• Manufaktura | ul. Ogrodowa 19a
  Łódź | Tel. 0 42/6 30 35 30
  www.lodz.restauracjapolka.pl

POSEN (POZNAŃ) **11** ◀ C4

Der günstigen Lage an der Bernsteinstraße, der im Mittelalter wichtigen Nord-Süd-Verbindung zwischen Ostsee und dem Mittelmeer, verdankt die Stadt an der Warthe (545 000 Einw.) ihre Bedeutung als Handelsmetropole. Die Tradition als Messestadt geht auf das 15. Jh. zurück, als geschäftstüchtige Patrizier die erste offizielle Handelsmesse abhielten, die selbst im Nahen und Fernen Osten bekannt war.

Hauptbahnhof und **Messegelände** liegen nur 2 km südwestlich vom historischen Stadtkern entfernt. Unterwegs wird man durch das **Denkmal für die Opfer vom Juni 1956 Ⓐ** an den Aufstand der Arbeiter gegen die kommunistische Herrschaft erinnert. Gegenüber erhebt sich das **Kulturzentrum ZAMEK Ⓑ**, das ehemalige Schloss Wilhelms II. im neoromanischen Stil. Das von Hitlers Architekten Albert Speer umgebaute Gemäuer ist durch ein abwechlsungsreiches Ausstellungs- und Veranstaltungsprogramm mit Tanz, Musik, Kunst und Kino zum beliebten Treffpunkt in der Stadt avanciert (Ulica Św. Marcin 80/82, www.ckzamek.pl).

Auch entlang der Hauptgeschäfts-
straße, der **Święty Marcin,** präsentiert sich Posen dem Besucher als
moderne Großstadt.

DIE ALTSTADT

Kunstfreunde führt der Weg ins
Nationalmuseum (Muzeum Narodowe) **C** mit einer sehenswerten
Gemäldesammlung alter polnischer
und westeuropäischer Meister, darunter Werke von Ribera, Zurbarán
und Bellini (www.mnp.art.pl, Mitte
Juni–Mitte Sept. Di–Do 11–17, Fr
12–21, Sa/So 11–18, sonst Di–Do 9
bis 15, Fr 12–21, Sa/So 11–18 Uhr).
　　Schräg gegenüber auf dem Plac
Wolności fällt die **Raczyński-Bib-**

liothek mit ihrer von 24 korinthi-
schen Säulen strukturierten, klassizistischen Fassade ins Auge.
　　Am **Działyński-Palais,** einem
Bürgerhaus von 1773, das sich in
einem eigenartigen Stilgemisch aus
Spätbarock und Klassizismus zeigt,
betritt man den **Alten Markt D.**
Geschmückt wird der Marktplatz
durch das **Rathaus** ⭐, ein Musterbeispiel polnisch-italienischer Pro-
fanarchitektur. Seit einem Umbau
im 16. Jh. zeigt es sich im schönsten
Renaissancestil. Echter Blickfang
ist die reich gegliederte und mit
Sgraffiti, d. h. Kratzputzornamenten
verzierte Hauptfassade. Eine dreige-
schossige Loggia mit Arkadengän-

A Denkmal an die Opfer
　　von 1956
B Kulturzentrum ZAMEK
C Nationalmuseum
D Alter Markt
E Pfarrkirche
F Dominikanerkirche
G Adalbertkirche
H Dom
I Brama Poznania

Kunterbunter Stilmix dominiert am Marktplatz von Posen

gen bildet die Schaufassade, die oben mit einer hohen Attika schließt. Beim Besuch im **Historischen Museum,** das hier untergebracht ist, beeindrucken vor allem die prächtigen Renaissanceräume wie der Große Saal mit seinen Deckenmalereien.

In der Ulica Gołębia erhebt sich die **Pfarrkirche** Posens (Kościół farny) **E**, von den Jesuiten in der zweiten Hälfte des 17. Jhs. erbaut. Massive Säulen, die gemäß der barocken illusionistischen Manier keine statische Funktion haben, beherrschen den Innenraum.

Von den zahlreichen anderen Kirchen der Stadt sollte zumindest die ehemalige **Dominikanerkirche F** in der Ulica Dominikańska gewürdigt werden. Trotz der barocken Umbauten besitzt das Gotteshaus ein schönes Backsteinportal

aus dem 13. Jh. Es waren die Dominikaner, die das technische Knowhow der Backsteinarchitektur aus Italien nach Polen brachten.

Eine äußerlich unscheinbare Kirche lohnt einen längeren Spaziergang: Die auf einem Hügel gelegene **Adalbertkirche** (Kościół św. Wojciecha) **G** ist an ihrem Glockenturm aus Holz leicht zu erkennen. In ihr wurden berühmte Persönlichkeiten bestattet, darunter Józef Wybicki (1747–1822), der Schöpfer der polnischen Nationalhymne.

DOM **H**

Auf der Dominsel (Ostrów Tumski), einem eigenen Stadtteil, der durch die fortwährende Verschmälerung des Flussarmes seinen Inselcharakter inzwischen verloren hat, drängen sich mehrere historische Bauwerke. Im Dom fand der Staatsgründer Mieszko I. seine letzte Ruhestätte. Sein symbolisches Grab sowie das seines Nachfolgers Bolesław I. Chrobry befinden sich in der Goldenen Kapelle, die im 19. Jh. im neobyzantinischen Stil gestaltet wurde. Ohnehin stellt der Dom ein Puzzle von ottonischen bis hin zu klassizistischen Stilelementen dar.

BRAMA POZNANIA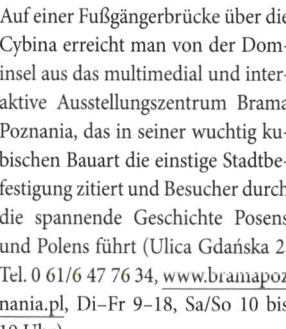

Auf einer Fußgängerbrücke über die Cybina erreicht man von der Dominsel aus das multimedial und interaktive Ausstellungszentrum Brama Poznania, das in seiner wuchtig kubischen Bauart die einstige Stadtbefestigung zitiert und Besucher durch die spannende Geschichte Posens und Polens führt (Ulica Gdańska 2, Tel. 0 61/6 47 76 34, www.bramapoz nania.pl, Di–Fr 9–18, Sa/So 10 bis 19 Uhr).

INFO

Centrum Informacji Turystycznej
• Stary Rynek 59 | 61-772 Poznań
    Tel. 0 61/8 52 61 56 | www.poznan.travel

HOTELS

Brovaria €€€
Zwei Bürgerhäuser am historischen Altmarkt mit eigener Mikrobrauerei und Biergarten. 21 individuell eingerichtete komfortable Zimmer, kein Aufzug.
• Stary Rynek 73–74 | Poznań
    Tel. 0 61/8 58 68 68
    www.brovaria.pl

Puro €€€
Schickes modernes Hotel in der Altstadt, das sich als Ausgangspunkt für die Stadtbesichtigung bestens eignet.

• ul. Stawna 12 | Poznań
    Tel. 0 61/3 33 10 00
    www.purohotel.pl

RESTAURANT

Cocorico €€
Brasserie mit exquisiter Speise- und Weinkarte; im Sommer Bewirtung im Innenhof.
• ul. Świętosławska 9 | Poznań
    Tel. 0 61/8 52 95 29
    www.cocorico.pl

SHOPPING

Stary Browar
Die 1844 gegründete Brauerei wurde zum modernen multifunktionellen Einkaufs- und Kulturzentrum umgebaut. Hier macht ein Einkaufsbummel Vergnügen – für Abwechslung sorgen Konzerte, Theater und Kunstausstellungen.
• ul. Półwiejska | Poznań
    www.starybrowar5050.com

NIGHTLIFE

Zu den kulturellen Angeboten gehören die Oper, **Teatr Wielki** (ul. Fredry 9, Tel. 0 61/ 6 59 02 00, www.opera.poznan. pl), die **Philharmonie** (ul. Św. Marcin 81, Tel. 0 61/8 53 69 35, www.filharmonia poznanska.pl), wo auch Polens berühmtester Knaben- und Männerchor, die Posener Nachtigallen residiert (www.slowiki. poznan.pl), und die renommierte Ballettbühne **Polski Teatr Tańca** (ul. Kozia 4, Tel.0 61/ 8 52 42 41, www.ptt-poznan.pl).

AUSFLÜGE VON POSEN

KÓRNIK 12 ▮ C4

In Kórnik stößt man fast zwangsläufig auf das **Schloss am See.** Es wurde erst Anfang des 18. Jhs. errichtet und in der ersten Hälfte des

19. Jhs. im Stil der englischen Neo-
gotik unter Beteiligung von Karl
Friedrich Schinkel umgestaltet. Das
Arboretum lässt englische Garten-
tradition erkennen, denn die
Sammlung exotischer Gehölze ver-
teilt sich über einen großzügigen
Park. Die Kunstsammlung umfasst
Ritterrüstungen, orientalische Waf-
fen und wertvolles Kunsthandwerk
(Di–So 10–16 Uhr).

ROGALIN 13 C4

In dem Städtchen, 13 km westlich
von Dorf Kórnik, ließ sich die Familie Raczyński eine repräsentative
Adelsresidenz errichten. Auch dieses Schloss, ein schönes Beispiel
klassizistischer Baukunst mit einer
interessanten Uhrensammlung, ist
für Besucher zugänglich. Während
sich die Herren auf Kórnik vom
englischen Gartengeschmack leiten
ließen, blieben die zu Rogalin dem
französischen Stil treu. Im schönen
Schlosspark stehen drei mächtige
Eichen, die mit ihren 800 Jahren zu
den ältesten ihrer Spezies in Europa
zählen. Man hat ihnen die Namen
der drei slawischen Stammesbrüder
Lech, Czech und Rus gegeben (roga
lin.mnp.art.pl, Juli/Aug. Di–So 10
bis 17, Mai/Juni Di–Fr 9.30–16,
Sa/So 10–17, Mitte Jan.–April und
Sept.–Nov. Di–So 9.30–16 Uhr).

GNESEN (GNIEZNO) 14 D4

Gnesen war die erste Hauptstadt des
Königreichs Polen. Wie eh und je
überragt die **Erzkathedrale** ⭐ aus

dem 14. Jh. die Stadt. Ihr wertvolls-
ter Kunstschatz sind die romanischen Bronzetüren am Südportal
aus der Zeit um 1170, die vermutlich in Lütticher Werkstätten gegossen wurden. Darauf werden Szenen
aus dem Leben des Hl. Adalbert
(polnisch Wojciech) dargestellt. Er
ist neben Stanislaus der wichtigste
Heilige Polens und Böhmens. Die
Gebeine des Hl. Adalbert ruhen in
einem Sarkophag in der Mitte des
Hauptschiffes (Mo 8–16, Di–Fr 7.30
bis 15.30 Uhr).

INFO

**Powiatowe Centrum Informacji
Turystycznej**
- ul. Rynek 14 | 62-200 Gniezno
  Tel. 0 61/4 28 41 00
  www.turystyka.powiat-gniezno.pl

HOTEL

Hotel Gniezno €€–€€€
Schlichter Komfort in historischen Bürgerhäusern, eigener Parkplatz, drei Restaurants, Sauna.
- ul. Bolesława Chrobrego 3 | Gniezno
  Tel. 0 61/4 26 14 97 | www.pietrak.pl

RESTAURANT

Misz Masz €€
Unkompliziert und gut: Snacks und frische
Salate, Kuchen, Kaffee oder Bier.
- Rynek 5 | Gniezno
  Tel. (mobil) 604 50 46 91 | Mo geschl.

BISKUPIN 15 D4

Zwischen Gniezno und Bydgoszcz
liegt Biskupin, berühmt für seine bis
ins 6. Jh. v. Chr. datierten archäologischen Funde. Angehörige eines

untergegangenen Kulturkreises, der sogenannten Lausitzer Kultur, hatten sich in der Eisenzeit auf einer Halbinsel des Biskupin-Sees eine **Wehrburg** errichtet. Die Ansiedlung wurde zum Teil rekonstruiert und ist zu besichtigen (www.bisku pin.pl, Mai–Sept. tgl. 8–18 Uhr; im Winter bis Sonnenuntergang).

BROMBERG (BYDGOSZCZ) 16 ▮ D3

Durch Kasimir den Großen 1346 gegründet, verdankt die Stadt ihren wirtschaftlichen Aufschwung in erster Linie dem Bromberger Kanal, der die Weichsel (Wisła) mit der Netze (Noteć) und daher mit der Oder verbindet.

Heute zieht die prosperierende Industriestadt (357 000 Einw.) vor allem Geschäftsleute an. Doch auch immer mehr Touristen entdecken die pittoresken Ecken im historischen Stadtkern. Der **Hafen** an der Brahe (Brda) wirkt dank der alten Fachwerkspeicher und einem malerischen Ensemble von Häusern wie Klein-Venedig.

Sehenswert ist hier das **Historische Museum** (Muzeum Okręgowe, Ulica Gdańska 4, www.muzeum. bydgoszcz.pl, April–Okt. Di/Mi, Fr 10–18, Do 10–19, Sa/So 11–18, sonst bis 16 Uhr), das auch eine Reihe von Werken des aus der Region stammenden wichtigen polnischen Impressionisten besitzt: Leon Wyczółkowski (1852–1936).

Der Spaziergang über die lange Ulica Gdańska führt an mehreren

schmucken, um 1900 erbauten Stadtvillen vorbei. Einige davon sind mittlerweile sehr gekonnt zu empfehlenswerten Hotels umgewandelt worden.

INFO
Informacja Turystyczna
• ul. Batorego 2 | 85-104 Bydgoszcz
Tel. 0 52/3 40 45 50
www.visitbydgoszcz.pl

HOTEL
Prystań €€
Architektonisch interessanter Hotelneubau direkt an der Brda mit Wassersportmöglichkeiten und Bootsverleih.
• ul. Tamka 2 | Bydgoszcz
Tel. 0 52/5 85 96 01
przystanbydgoszcz.pl

THORN (TORUŃ) 17 ▮ D3

Toruń (203 000 Einw.) präsentiert sich in der Altstadt, die zum UNESCO-Weltkulturerbe zählt, als Ensemble gotischer Architektur 1233 gründete der Deutsche Orden am Weichselufer eine Burg als Basis für seine Eroberungszüge gegen die Prußen. Als sich Thorn im 14. Jh. zum bedeutenden Mitglied der Hanse entwickelte, gerieten die selbstbewussten Kaufleute bald in Konflikt mit der autoritären Herrschaft. 1454 stürmten die Bürger die Deutschordensburg und rissen sie bis auf die Grundmauern nieder. Thorn unterstellte sich der Herrschaft des polnischen Königs.

Von 1792 bis 1807 und von 1815 bis 1920 gehörte die Stadt zu Preußen bzw. Deutschland und wurde zu einer der wichtigsten östlichen Festungs- und Garnisonsstädte.

DIE ALTSTADT

Die Baudenkmäler in der Altstadt konzentrieren sich auf engstem Raum. Den alten Marktplatz beherrscht das **Rathaus.** Der Backsteinbau des 13. Jhs. wurde später zur Vierflügelanlage umgebaut. In den repräsentativ gestalteten Innenräumen werden gotische Kunst, Kunsthandwerk und Bürgerporträts des 13.–18. Jh. ausgestellt. Vom Rathausturm bietet sich ein schöner Rundblick über die Altstadt (www. muzeum.torun.pl, Mai–Sept. Di–So 10–18, Okt.–April bis 16 Uhr).

Vor dem Rathaus erinnert ein Denkmal an Nikolaus Kopernikus (1473–1543), den berühmtesten

Sohn der Stadt. Das **Kopernikus-museum** wurde in seinem vermeintlichen Geburtshaus eingerichtet (ul. Kopernika 17, www. muzeum. torun.pl, Mai–Sept. Di bis So 10–18, Okt.–April bis 16 Uhr). Eine umfangreiche Sammlung stellt den Astronomen und sein Werk vor, darunter die Originalausgabe von »De revolutionibus orbium Coelestium«. Darin widerlegte Kopernikus die kirchlichen Lehren von der Erde als Mittelpunkt des Universums.

An der Ostseite des Marktes ist im Haus zum Stern (Dom pod Gwiazdą) von 1697, die **Fernöstliche Sammlung des Museums Toruń** untergebracht (www.muzeum.torun. pl, Mai–Sept. Di–So 10–18, Okt. bis April 10–16 Uhr).

💬 DER DEUTSCHE ORDEN

Konrad I. von Masowien traf 1225 eine folgenschwere Entscheidung: Er bat den zuvor in Palästina gegründeten Deutschen Orden, ihm gegen das Baltenvolk der Prußen zur Seite zu stehen, im Gegenzug erhielt der Deutsche Orden das Kulmerland. So zogen die ersten Ritter in die Gegend des späteren Thorn und erbauten dort ihre Burgen. Schließlich unterwarfen sie die Preußen und errichteten an der Stelle des prußischen Stammesgebietes den mächtigen Ordensstaat Preußen und besiedelten ihn mit Ankömmlingen aus dem Westen und Süden. An der Spitze stand der Hochmeister, der seit 1309 in der Marienburg residierte.

1410 kam es im Kampf um die Vormachtstellung im Osten Europas zur Schlacht bei Tannenberg (in Polen: Schlacht bei Grunwald) zwischen dem Deutschen Orden und einem polnisch-litauischen Heer, angeführt durch den 1386 zum polnischen König gewählten Władysław II. Jagiełło und seinen Vetter Großfürst Vytautas. Der Deutsche Orden erlitt eine vernichtende Niederlage. 1457 fielen die Marienburg und große Teile seine Territoiums an Polen, 1525 wurde der verbliebene Ordensstaat ins protestantische Herzogtum Preußen umgewandelt und der ehemalige Hochmeister, nun Fürst Albrecht von Hohenzollern, legte vor dem polnischen König den Lehnseid ab.

Nach ein paar Schritten zum Weichselufer hin steht man vor dem massiven Turm des gotischen **Doms St. Johannes** aus dem 14. Jh., dessen drei charakteristische Dächer nicht zu übersehen sind. Im Altstadtviertel erwarten den Besucher außerdem zwei ganz unterschiedliche Gotteshäuser: die gotische **Marienkirche** (ebenfalls 14. Jh.) und die barocke **Heilig-Geist-Kirche** mit ihrem 64 m hohen Turm.

LEBKUCHENMUSEUM

Das **Muzeum Toruńskiego Piernika** befindet sich in der ehemaligen Lebkuchenfabrik Weese, einem beeindrucken Backsteinbau aus dem 19. Jh. Die interaktive Ausstellung begeistert Besucher für das Naschwerk und zeigt, wie sich Zutaten, Herstellung und Vertrieb im Laufe der Zeit gewandelt haben. Kostproben gibt es im Museumscafé (ul. Strumykowa 4, www.muzeum.torun.pl, Mai–Juni Mo–So 10–18, Juli bis Sept. Di–So 10–18, sonst Di–So 10–16 Uhr).

INFO
Ośrodek Informacji Turystycznej
• Rynek Staromiejski 25 | 87-100 Toruń
  Tel. 0 56/6 21 09 30
  visittorun.com

HOTELS
Petite Fleur €€€
In dem kleinen restaurierten Bürgerhaus aus dem 18. Jh. warten charmante, gemütliche Zimmer auf die Gäste. Mit Restaurant.
• ul. Piekary 25 | Toruń
  Tel. 0 56/6 21 51 00
  www.petitefleur.pl

Spichrz €€€
Altstadthotel mit Zimmern und Apartments in einem Speicher von 1719 sowie im modernen Anbau.
• ul. Mostowa 1 | Toruń
  Tel. 0 56/6 57 11 40
  www.spichrz.pl

RESTAURANTS
Chleb i Wino €€
Die Holzofenpizza und die guten Weine in dem Grillhaus sind zu empfehlen.
• Rynek Staromiejski 22 | Toruń
  Tel. (mobil) 531 38 81 71
  www.chlebiwino.eu

Szeroka No. 9 €€
Europäische und polnische Spezialitäten von Frühstück bis Abendessen in stylischem Ambiente auch draußen in der Fußgängerzone.
• ul. Szeroka 9 | Toruń
  Tel. 0 56/6 22 84 24
  www.szeroka9.pl

NIGHTLIFE
Für abendliche Unterhaltung sorgt u. a. die schummrige Kellerkneipe **Piwnica Pod Antałkiem** bei guter Bierauswahl (ul. Ducha Św. 1).

THORNER LEBKUCHEN
Hiesige Spezialität sind die Thorner Kathrinchen, scharf gewürzte und teilweise in kunstvollen Formen gebackene Lebkuchen. Sie werden hier seit 1640 hergestellt.
Besonders schöne Exemplare bekommt man bei **Pierniczek**, ul. Żeglarska 25.

SCHLESIEN

Der Ferienort Szklarska Poręba (Schreiberhau)
liegt am Fuß des Riesengebirges

In Schlesien erwarten den Reisenden Kurorte und Wanderwege in der vom Riesengebirge geprägten Landschaft. Das Flair der niederschlesischen Metropole Breslau ist dank Studenten, Wissenschaftlern und Geschäftsleuten sehr international.

Schlesien erstreckt sich 400 km von Südosten nach Nordwesten rechts und links der Oder. Die Bergkämme der Sudeten an der Südflanke zu Böhmen bilden nach Süden hin eine natürliche Grenze. Die Gegend blickt auf eine turbulente Geschichte zurück. Im Mittelalter zählte sie zum polnischen Piastenstaat, ab dem 14. Jh. zum böhmischen Königreich, dann war sie in den Händen der Wiener Habsburger, bis Schlesien 1740 von Friedrich dem Großen für Preußen erobert wurde. Schlesien ist seit 1921 teilweise und seit 1945 de facto polnisch. In Niederschlesien fand dabei ein Bevöl-

kerungstausch durch Ostpolen aus den der Sowjetunion zugeschlagenen Gebieten um Lemberg statt.

Mittelpunkt der Region ist Wrocław (Breslau), das im Jahr 2016 Kulturhauptstadt Europas war. Zwei Tage sollte man für die Besichtigung einplanen.

Zudem gibt es zwischen Katowice (Kattowitz) und Zgorzelec (Görlitz) mit Brzeg (Brieg), Świdnica (Schweidnitz) und Lubiąż (Leubus), Karkanosze (Riesengebirge) und Odra (Oder) so viel Interessantes für Natur- und Kulturfreunde zu sehen, dass einige Tage für die Erkundung eingeplant werden sollten.

TOUREN IN DER REGION

TOUR 8

ZU DEN PRACHTBAUTEN DER HABSBURGER

ROUTE: Breslau › Trzebnica › Lubiąż › Legnica › Legnickie Pole › Breslau

KARTE: Seite 116
DAUER: 1 Tag, 190 km

PRAKTISCHE HINWEISE:
• Im Sommer sollte man die Unterkunft in Breslau im Voraus buchen.
• Den Schlüssel für die Benediktinerkirche in Legnickie Pole erhält man in der benachbarten Kirche des Museums der Mongolenschlacht.

TOUR-START:
Diese Tour führt zu den faszinierendsten Denkmälern Niederschlesiens. In **Trzebnica** 2 › S. 122,

20 km nördlich von **Breslau** 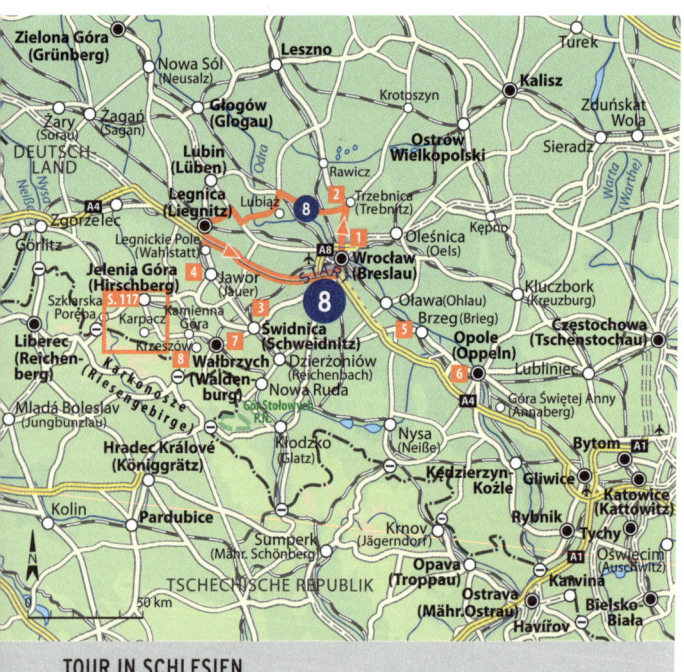 (Wrocław) › S. 118, gründete Hedwig (Jadwiga), Gattin des Herzogs Heinrich I. des Bärtigen, 1202 Schlesiens erstes Zisterzienserinnenkloster. 1267 wurde sie heiliggesprochen und zur Patronin Schlesiens erklärt.

Die Strecke führt über das sogenannte Katzengebirge (Wzgórza Trzebnickie) an Wołów vorbei nach **Lubiąż** (Leubus), zum berühmten Zisterzienserkloster mit der über 100 m lange Klosterfassade. Ihren Höhepunkt bildet der Fürstensaal, ein Gesamtkunstwerk aus Malerei, Skulptur und Stuck (1735–1737).

Nach 35 km erreicht man **Legnica** (Liegnitz), eine alte Herzogsresidenz mit schönem Schloss. Die Benediktinerkirche in **Legnickie Pole** (Wahlstatt) gilt als die Barockkirche Schlesiens schlechthin. Auf einem Fresko über der Orgelempore erblickt man Herzog Heinrich II. den Frommen. Sein Leichnam liegt auf dem Schlachtfeld, der Kopf ist abgetrennt und seine Mutter erkennt ihn nur an den sechs Zehen. Die Fresken von Cosmas Damian Asam stellen die berühmte Mongolenschlacht von 1241 dar. Auf der A4/E40 fährt man dann zurück nach **Breslau.**

TOUR IN SCHLESIEN

TOUR ❽

ZU DEN PRACHTBAUTEN DER HABSBURGER

Breslau › Trzebnica › Lubiąż › Legnica › Legnickie Pole › Breslau

Karte S. 117

TOUR 9

WANDERN IM RIESENGEBIRGE

ROUTE: Karpacz Górny › Kleine Koppe › Schneekoppe › Vang-Kirche › Karpacz Górny

---

KARTE: Seite 117
DAUER: 1 Tag
PRAKTISCHE HINWEISE:
- Der Weg ist für jedermann begehbar. Etwas beschwerlich ist nur der etwa halbstündige Abschnitt des Wanderweges zum Kleinen Teich.

- Bei Schlechtwetter ist der Lift (bei Tagestour zu empfehlen) außer Betrieb. Dann folgt man dem rot markierten Wanderweg von ganz unten (ca. 2 Std. zusätzlich).
- Wer zwei Tage wandern möchte, kann in den Bauden (Bergherbergen, poln. *schronisko*) übernachten.
- Aufgrund des Schengener Abkommens ist der Grenzübertritt auf der Schneekoppe möglich.

TOUR-START:

Der abwechslungsreiche Wanderweg im polnischen Teil des Riesengebirges bietet überwältigende Naturerlebnisse. Als Ausgangspunkt

TOUR IM SCHLESISCHEN RIESENGEBIRGE

TOUR 9

WANDERN IM RIESENGEBIRGE

Karpacz Górny › Kleine Koppe › Schneekoppe › Vang-Kirche › Karpacz Górny

empfiehlt sich **Karpacz Górny,** wo um 8.30 Uhr der Sessellift in Betrieb geht. Nach 20 Min. erreicht man die **Kleine Koppe** (Mała Kopa, 1375 m), in weiteren 20 Min. Fußmarsch die Baude »Dom Śląski« (Schlesierhaus) an der tschechisch-polnischen Grenze. Dort beginnt der steile 45-minütige Aufstieg auf die **Schneekoppe** (Śnieżka, 1602 m) › S. 125. Auf dem Gipfel stehen eine meteorologische Station und eine Holzkapelle aus dem 17. Jh., zudem verläuft hier die Staatsgrenze zwischen Polen und Tschechien. Von hier oben bietet sich ein herrlicher Rundblick.

Nach einer ausgiebigen Pause geht es denselben Weg bis zur Baude hinunter, eine Weile entlang des Bergkammes. Der blau markierte Weg führt zur nächsten Baude

(Strzecha Akademicka bzw. Hampelbaude).

Von dort aus ist man in 20 Minuten am Kleinen Teich, wo eine kleine familiäre Baude (Samotnia bzw. Kleine Teichbaude) zur Einkehr lädt. Der folgende zweistündige blau markierte Abstieg führt bis zur **Vang-Kirche,** einer mit Drachenköpfen und geheimnisvollen Schnitzereien verzierten Stabholzkirche aus dem südnorwegischen Dorf Vang. Im 19. Jh. verkaufte die Gemeinde das aus dem 13. Jh. stammende Gotteshaus, da es zu klein geworden war. Auf verschlungenen Wegen kam die demontierte Kirche nach Brückenberg und wurde hier wiederaufgebaut. Von dem Kirchlein sind es noch knappe zehn Minuten bis zur Hauptstraße in **Karpacz Górny.**

UNTERWEGS IN SCHLESIEN

BRESLAU (WROCŁAW) 1 ▮ C6

Der günstigen Lage an der Oder verdankt die Stadt (638 000 Einw.) einst ihre rasante Entwicklung als Markt- und Handelsstadt. Heute sorgen Forschung und Industrie für niedrige Arbeitslosenquoten und wirtschaftlichen Wohlstand. Die Investitionen anlässlich des Jahres 2016 als Kulturhauptstadt Europas machen sich auch für Touristen bemerkbar, etwa durch die schöne Uferpromenade an der Oder.

ALTSTADT

Das urbane Leben in der mittelalterlichen Stadt konzentriert sich seit eh und je auf den Hauptplatz Breslaus, den **Altstädter Markt** (Rynek Staromiejski). Flaneure, Restaurants und Cafés – sowie in der Adventszeit die festlichen Buden des Weihnachtsmarkts – beherrschen den von Patrizierhäusern gerahmten Platz. An seiner Westseite stehen die schönsten Gebäude.

In der Mitte thront das **Rathaus** Ⓐ ⭐. Es dominiert mit seiner kunstvollen Blendmaßwerkfassade den Markt und gilt als einer der bedeutendsten gotischen Profanbauten Mitteleuropas. Die restaurierten Rathaussäle mit ihren Renaissancemalereien, Intarsienvertäfelungen und prächtigen Gewölben beherbergen das **Bürgerliche Kunstmuseum** mit Breslauer Kunsthandwerk vom Mittelalter bis heute (Sa 10–17, So bis 18 Uhr). Der im Rathaus angeblich schon im 15. Jh. eingerichtete Bierkeller Piwnica Świdnicka versammelt durstige Breslauer und Touristen.

Nicht weit entfernt sieht man den roten Backsteinbau der **Maria-Magdalenen-Kirche B** aus dem 14. Jh. Besonderes Augenmerk verdient ein in die südliche Außenwand eingelassenes romanisches Portal aus dem 12. Jh., das aus einer abgerissenen Benediktinerkirche stammt. Über dem Marktplatz erhebt sich der Turm der gotischen **Elisabethkirche C**. Wer Kondition hat, nimmt die Wendeltreppe hinauf, um die Aussicht zu genießen.

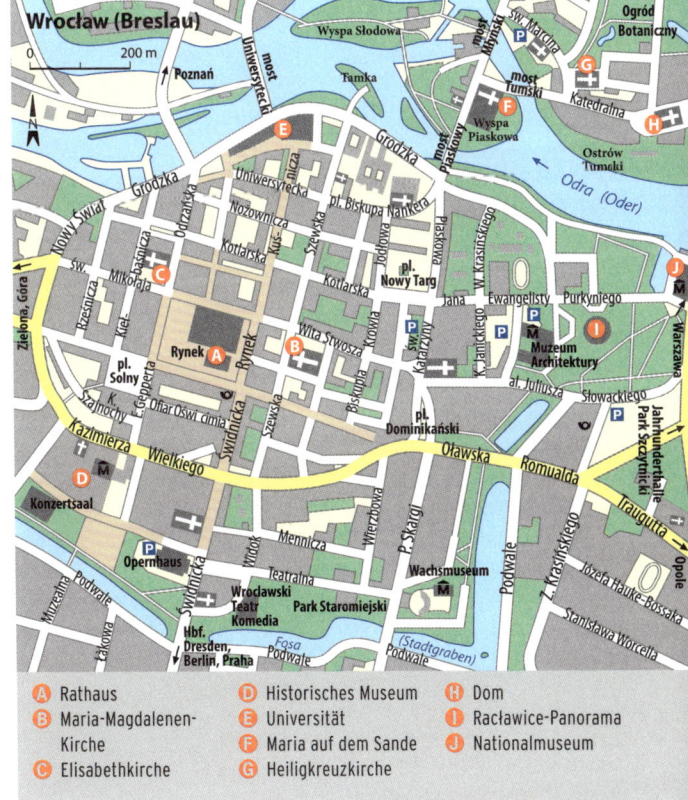

A Rathaus	**D** Historisches Museum	**H** Dom
B Maria-Magdalenen-Kirche	**E** Universität	**I** Racławice-Panorama
C Elisabethkirche	**F** Maria auf dem Sande	**J** Nationalmuseum
	G Heiligkreuzkirche	

Im Süden der Altstadt wurde das **Königsschloss Pałac Królewski,** das Preußenkönig Friedrich der Große 1750 erworben und umgebaut hatte, restauriert. Es beherbergt das **Historische Museum** Ⓓ mit Ausstellungen zur Stadt- und Baugeschichte. Der auf das 18. Jh. zurückgehende Dreiflügelbau um einen von Friedrich August Stüler 1858–68 gestalteten Ehrenhof beeindruckt im Beyersdorfzimmer mit original barocker Einrichtung und einem eleganten Barockgarten (Ulica Kazimierza Wielkiego 15, www.mmw.pl, Di–Sa 10–17, So 10 bis 18 Uhr).

Am Oderufer erhebt sich die **Universität** Ⓔ. Das Collegium Maximum, erbaut 1728–1741, birgt mit der Aula Leopoldina einen der schönsten Barocksäle Polens und den kaum weniger atemberaubenden Musiksaal Oratorium Marianum, in dem schon Liszt konzertierte (www.muzeum.uni.wroc.pl, Mai–Sept. Mo/Di, Do/Fr 10–17, Sa–So 10–18, sonst bis 16 Uhr).

SAND- UND DOMINSEL

Die Oderbrücke führt auf die Sandinsel (Piasek) mit der hoch aufragenden gotischen Hallenkirche **Maria auf dem Sande** (Kościół NM Panny na Piasku) Ⓕ. Zudem lohnt sich ein Besuch der **Heiligkreuzkirche** Ⓖ. Kurioserweise beherbergt das elegante gotische Bauwerk zwei Kirchen. Unter der Kreuzkirche, befindet sich – einer Krypta ähnlich – die Bartholomäuskirche.

Eine kleine Brücke führt zur **Dominsel** ⑧ (Ostrów Tumski) hi-

nüber, die nach der Aufschüttung eines Oderarms heute im eigentlichen Sinne keine Insel mehr ist. Vorbei an der Erzbischöflichen Residenz (18. Jh.) gelangt man zum **Dom** Ⓗ, dem imposantesten Bauwerk der Insel. Der gewaltige Sakralbau, dessen Ursprünge ins 13. Jh. zurückreichen, dominiert mit seinen zwei spitzen Türmen die gesamte Umgebung. Interessant sind die drei Kapellen des Chorumgangs: die südliche Elisabethkapelle als Beispiel italienischen Hochbarocks, die gotische Marienkapelle sowie die ovale Kurfürstenkapelle geschaffen vom Meister des habsburger Barocks, Johann Bernhard Fischer von Erlach.

ÖSTLICH DER ALTSTADT

Nicht weit von der Altstadt steht ein unscheinbarer runder Betonbau. Er birgt das **Racławice-Panorama** Ⓘ ⭐ mit den immensen Ausmaßen von 150 m Länge und 15 m Höhe. Solche 360°-Gemälde, die durch Staffagen im Vordergrund ergänzt wurden, zogen im 19. Jh. die Menschenmassen in ihren Bann – bis das Kino die Panoramen verdrängte. Hier ist der Sieg polnischer Aufständischer gegen die Russen 1794 dargestellt, der 100 Jahre später in Lemberg auf Leinwand gebannt und 1946 nach Breslau überführt wurde (Ulica Purkyniego 11, www.panoramaracla wicka.pl, April–Okt. tgl. 8–19.30, sonst Di–Fr 9–16.30, Sa bis 18.30, So bis 17.30 Uhr).

Das **Nationalmuseum** (Muzeum Narodowe) Ⓙ birgt eine hervorragende Sammlung schlesischer Kunst des 14.–19. Jh., vor allem der Barockzeit, wie Gemälde von Michael Willmann und Skulpturen von Johann Georg Urbanski (Plac Powstańców Warszawy 5, www.mnwr.art.pl, April–Sept. Mi–Fr, So 10–17, Sa bis 18, sonst Mi–Fr 10–16, Sa/So bis 17 Uhr).

Mit der Straßenbahn oder dem Taxi kommt man zum **Park Szczytnicki** (Scheitniger Park). Vis-à-vis des Zoos beeindruckt eine überkuppelte Stahlbetonkonstruktion, die **Jahrhunderthalle** (Hala Stulecia) ⭐, 1913 von Stadtbaurat Max Berg zum 100. Jubiläum der Befreiungskriege gegen Napoleon errichtet. Die Multifunktionshalle gehört zum UNESCO-Weltkulturerbe. Sie wird für Großveranstaltungen wie Kongresse, Konzerte oder Sportevents genutzt. Im Entdeckungszentrum können sich Besucher über die einzigartige Architektur und ihre Geschichte informieren (www.halastulecia.pl, April–Okt. Mo–Do, So 9 bis 18, Fr/Sa 9–19, sonst tgl. 9–17 Uhr). Sie ist das Herzstück des vom Architekten Hans Poelzig (1869–1936) entworfenen Messegeländes, der selbst neben dem Springbrunnen und der Pergola den Vier-Kuppel-Pavillon schuf. Hier garantiert nun die Sammlung zeitgenössischer polnischer Kunst, angefangen bei Werken der Avantgarde des 20. Jh. wie Władysław Strzemiński über Tadeusz Kantor und Magdalena Abakanowicz bis zu Piotr Janas neue Entdeckungen (www.pawilonczterechkopul.pl, April–Sept. Di, Do 10 bis 17, Mi 9–17, Fr 10–19, Sa 10–20, So 10–18, sonst 10–16 Uhr).

INFO

Centrum Informacji Turystycznej
• Rynek 14 | 50-101 Wrocław
  Tel. 0 71/3 44 31 11 | www.wroclaw-info.pl

Am Altstädter Markt in Breslaus Altstadt

HOTELS
Art Hotel €€€
Zauberhaft gelegenes Altstadthotel mit liebevoll eingerichteten Zimmern, Fitnessraum und hoteleigener Garage.
• ul. Kiełbaśnicza 20 | Wrocław
  Tel. 0 71/7 87 71 00 | www.arthotel.pl

Europeum €€
Der freundliche Empfang und komfortable Zimmer sorgen für einen angenehmen Aufenthalt. Zudem liegt es sowohl für Fußgänger als auch Autofahrer verkehrsgünstig.
• ul. Kazimierza Wielkiego 27A | Wrocław
  Tel. 0 71/3 71 44 00 | europeum.pl

RESTAURANT
Karczma Lwowska €€
Deftige Lemberger Spezialitäten in rustikalem Rahmen.
• Rynek 4 | Wrocław
  Tel. 0 71/3 43 98 87
  www.lwowska.com.pl

NIGHTLIFE
In der **Karavan-Bar,** kurz KRVN genannt (ul. Św. Antoniego 40, www.krvn.pl), gibt es die besten Cocktails der Stadt. In der gleichen Straße gibt es noch andere nette Bars. Studenten und Kulturschaffende treffen sich gern im **Nietota** (ul. Kazimierza Wielkiego 50, www.facebook.com/KlubNietota) nicht nur zu Livekonzerten, Filmsessions oder DJs, sondern auch zwanglos auf ein Bier, oder im Jugendstilambiente des **Art Café Kalambur** (ul. Kuźnicza 29a, Tel. 0 71/3 43 92 68, kalambur.org).

AUSFLÜGE VON BRESLAU

TREBNITZ
(TRZEBNICA) 2 ◼ C6
20 km nördlich von Breslau gründete die Patronin Schlesiens, die Hl. Hedwig › S. 116, in Trzebnica 1202 ein Zisterzienserinnenkloster, in dem sie selbst als Ordensfrau lebte.

💬 DER DEUTSCH-POLNISCHE SCHICKSALSBERG

Sowohl für Polen als auch für Deutsche wurde der **Annaberg** (Góra Świętej Anny) 30 km südlich von Opole zum Symbol des jeweiligen Anspruchs auf Schlesien. Nachdem bei der Volksabstimmung am 20. März 1921 für den Verbleib Oberschlesiens im Deutschen Reich 60 % der Stimmberechtigten votiert hatten, erhoben sich nur wenige Wochen später, am 2. Mai, polnische Oberschlesier und besetzten den Annaberg. Deutsche eroberten die Anhöhe nach einer blutigen Schlacht am 21. Mai. Das im Jahre 1934 errichtete deutsche Denkmal wurde nach dem Zweiten Weltkrieg von den Polen gesprengt, um an seiner Stelle ein entsprechendes polnisches Mahnmal aufzustellen. Das ebenfalls in den 1930er-Jahren erbaute Amphitheater wurde von den Polen für nationale Kundgebungen weitergenutzt.
Darüberhinaus aber ist der Annaberg ein beliebter Wallfahrtsort. Das 1656 gegründete Franziskanerkloster Sankt Anna (Klasztor Świętej Anny) birgt das Gnadenbild der hl. Anna Selbdritt, eine mittelalterliche Holztafel, weitere Pilgerziele sind die Lourdesgrotte und ein Kalvarienweg. Aus 400 m Höhe schweift der Blick über das weitläufige Odertal.

Beim Rundgang durch die Hedwig-grabkapelle von 1269, dem ersten gotischen Bau auf polnischem Gebiet, sieht man das Grabmal der Heiligen rechts vom Chor. Es lohnt auch der Blick in die Krypta sowie auf ein wunderschönes romanisches Portal, auf dem der Harfe spielende König David mit seiner Frau Bathseba und einer Dienerin dargestellt sind.

SCHWEIDNITZ (ŚWIDNICA) 3 ▮ C6 UND JAUER (JAWOR) 4 ▮ B6

Knapp 90 km südwestlich von Breslau überraschen zwei Baudenkmäler, die zum UNESCO-Weltkulturerbe zählen: die sogenannten **Friedenskirchen** ⭐ (Kościoły Pokoju), protestantische Dreifaltigkeitskirchen, aus dem 17. Jh. in Świdnica (Schweidnitz) und Jawor (Jauer). Besonders beeindruckt der Kontrast zwischen dem bescheidenen Fachwerk außen und der Pracht im Innern. Nach einem Erlass der katholischen Habsburger Monarchie durften beim Bau protestantischer Kirchen nur Holz, Lehm, Sand und Stroh verwendet werden. Dies galt aber nicht für die Innenräume: Altar, Kanzel und Orgel erstrahlen in Gold, barocke Malereien schmücken Emporen und Deckengewölbe (Plac Pokoju 6, Świdnica, www.kosciolpokoju.pl, April–Okt. Mo–Sa 9 bis 18, So 12–18 Uhr). Die Kirche im 40 km entfernten Jawor ist etwas kleiner, da sie kein Querhaus besitzt (Park Pokoju 2, 59-400 Jawor, www.kosciolpokojujawor.pl, April–Okt. Mo–Sa 10–17, So 12–17 Uhr).

BRIEG (BRZEG) 5 ▮ C6

Bedeutung erlangte das ursprüngliche Fischerdorf dadurch, dass hier seit dem 15. Jh. eine Nebenlinie der Piasten regierte. Einer von ihnen, Georg II., auch Herr über Liegnitz und Wohlau (Legnica und Wołów), beauftragte oberitalienische Baumeister, die von 1544 bis 1570 das **Herzogsschloss** an Stelle der früheren gotischen Burg errichteten. Der Bau ist *das* Renaissancedenkmal Schlesiens. Als Baumeister wirkten Jakob und Franz Pahr (geb. im Tessin), die später das Güstrower Schloss errichteten. Am prächtigen Eingangstor sind in einer Art Stammbaum übereinander angeordnet die Könige und Herzöge der Piasten-Dynastie Polens und Schlesiens dargestellt. Der Arkadenhof wurde von Friedrich II. nach der Molwitzschlacht 1741 in Schutt und Asche gelegt, jedoch zwischen 1968 und 1976 unter enormem Aufwand rekonstruiert. Das Schlossmuseum besitzt viele Artefakte, die an die Piasten erinnern, u. a. einige prunkvoll gestaltete Särge (Plac Zamkowy 1, Di–So 10–16, Mi bis 18 Uhr).

OPPELN (OPOLE) 6 ▮ D6

Historisch zu Oberschlesien gehörig, war Opole (119 000 Einw.) seit dem frühen Mittelalter ein wichtiger Herzogssitz. Heute ist es Zentrum einer Wojewodschaft, die man als Oppelner Schlesien (Śląsk Opolski) bezeichnet.

Die Stadtmitte bildet der von schmucken Patrizierhäusern umge-

Vom Schlesierhaus (1400 m) führt ein Zick-
zackweg auf die Schneekoppe

bene Marktplatz. Eine kleine Über-
raschung bietet das **Rathaus** als
eine aus den 1930er-Jahren stammende Nachbildung des Palazzo
Vecchio in Florenz. Keinen Etiket-
tenschwindel betreiben die Sakralbauten der Stadt. Die **Kathedrale**
geht auf das 15. Jh. zurück. Auch
das **Franziskanerkloster** aus dem
14. Jh. mit der Dreifaltigkeitskirche
ist originalgetreu erhalten.

Das **Oppelner Dorfmuseum** liegt
außerhalb der Stadt in **Bierkowice**.
Die historischen bäuerlichen Holz-
bauten, darunter zehn Gehöfte und
eine Kirche aus Gręboszów (1613),
dokumentieren recht anschaulich
die ländliche Bauweise um Oppeln,
Nysa (Neisse) und Olesno (Rosen-
berg) (Muzeum Wsi Opolskiej,
Ulica Wrocławska 174, Tel. 0 77/
4 57 23 49, www.muzeumwsiopols

kiej.pl, April–Okt. Mo 10–15, Di–Fr
10–17, Sa/So 10–18, sonst Mo–Fr
bis 15 Uhr).

INFO

Centrum Informacji Turystycznej
• Rynek 23 | 45-015 Opole
  Tel. 0 77/5 41 19 87
  info.um.opole.pl

HOTEL

Starka €€
Einladendes 3-Sterne-Hotel mit urigem
Restaurant auf der Oderinsel.
• ul. Ostrówek 19 | Opole
  Tel. 0 77/4 11 35 01 | www.hotel-starka.pl

AUSFLUG NACH WALDENBURG (WAŁBRZYCH) 7 📖 B6

Die niederschlesische Industriestadt Wałbrzych (115 000 Einw.) hat
aus seiner Vergangenheit als Zentrum des polnischen Steinkohleab-
baus inzwischen kulturellen Nutzen
gezogen. Die älteste und best-
erhaltene der Zechen mit dem Namen Julia wurde in ein Museum
umgewandelt. Es dokumentiert die
Geschichte des Kohlebergbaus in
der Region seit dem 16. Jh. Die
Industriearchitektur aus der Zeit
um 1900 ist ein echter Hingucker.
Besonders beeindrucken zwei
Stahlfördertürme, die umliegenden
Bergwerkshalden und -siedlungen.
Außerdem gibt es auf dem Areal ein
Kunst- und Kulturzentrum (Stara
Kopalnia, Ulica Piotra Wysockiego
29, www.starakopalnia.pl, tgl. 10 bis
18, Einlass bis 16 Uhr).

AUSFLUG NACH KRZESZÓW 8 ▮ B6

Ein anderer Touristenmagnet liegt ca. 30 km von Wałbrzych entfernt: das spätbarocke, im 13. Jh. gegründete **Kloster Grüssau** in Krzeszów. Beherrschend ist die eindrucksvolle Zweiturmfassade der Marienkirche (Mai–Okt. 9–18, sonst bis 15 Uhr). In der Nähe überrascht die Josephskirche mit barocken Fresken von Michael Willmann (1630–1706), dem »schlesischen Rembrandt«.

RIESENGEBIRGE

Mit ihren 1602 m ist die **Schneekoppe** 9 ★ ▮ B6 (Śnieżka) der höchste Berg im Riesengebirge (Karkonosze). Auf dem Gipfel verläuft die Grenze zu Tschechien. Ein Nationalpark schützt große Teile der glazial überformten Gebirgslandschaft mit beeindruckenden Granitfelsen, Hochmooren und Wäldern – Buchen in niedrigeren und Fichten- bzw. Kiefern in höheren Lagen. Den Park durchzieht ein gut ausgebautes Wanderwegenetz. Beliebte Urlaubsziele im Sommer und Winter (Langlauf- und Alpin-Skigebiet) sind **Karpacz** 10 ▮ B6 (Krummhübel) und **Szklarska Poręba** 11 ▮ B6 (Schreiberhau) sowie Jelenia Góra.

HIRSCHBERG (JELENIA GÓRA) 12 ▮ B6

Die Stadt liegt im Hirschberger Talkessel zwischen Iser-, Riesen-, Katz-bachgebirge und Landshuter Kamm (góry Izerskie, Karkonosze, góry Kaczawskie, Rudawy Janowickie).

Der Ort selbst besitzt ein Rathaus aus dem 18. Jh. sowie eine sogenannte **Gnadenkirche** im Westteil der Stadt, die 1709–1718 nach dem Vorbild der Katharinenkirche in Stockholm errichtet wurde. Ein zweites Zentrum bildet der eingemeindete Kurort **Cieplice Zdrój** 13 ▮ B6 (Bad Warmbrunn) mit seinen schwefelhaltigen Quellen.

INFO

Informacja Turystyczna (IT)
• pl. Ratuszowy 6/7
  58-500 Jelenia Góra
  Tel. 0 51/9 50 93 43
  turystyka.jeleniagora.pl

Nationalparkverwaltung
• ul. Chałubińskiego 23 | Jelenia Góra
  Tel. 0 75/7 55 37 26
  www.kpnmab.pl

HOTELS

Pałac Staniszów €€€
Das im Hirschberger Tal am Fuß des Riesengebirges gelegene Barockschloss garantiert angenehme Nächte.
• Staniszów 100 | Jelenia Góra
  Tel. 0 75/7 55 84 45
  www.palacstaniszow.pl

Bella €
Die kunterbunt eingerichtete Villa mit Garten am Kurpark von Cieplice ist ideal, um Jelenia Góra und die Umgebung zu erkunden.
• ul. Zamoyskiego 3 | Jelenia Góra
  Tel. 0 75/7 6 43 12 50
  hotelbella.pl

KRAKAU & KLEINPOLEN

Vom Turm der Marienkirche am
Marktplatz in Krakau ertönt zu jeder
vollen Stunde das Signal »Hejnał«

Der bergige Südosten Polens ist ein Paradies für Naturfreunde und Aktivurlauber, sie finden markierte Wander- und Mountainbikerouten, Langlaufloipen und Skipisten vor. Kunstliebhaber schätzen die heimliche Kulturhauptstadt Krakau.

Kleinpolen war jahrhundertelang das Kerngebiet des polnischen Königreichs mit der einstigen Hauptstadt Krakau (11.–16. Jh.). Bei den Polnischen Teilungen fiel Kleinpolen, dessen südöstlicher Zipfel früher als Galizien bekannt war, an die Habsburger.

Hauptanziehungspunkt der Region ist Krakau, Polens zweitgrößte Stadt (765 000 Einw.) und Kulturmetropole. Die altehrwürdige Königsstadt mit der großen Kneipen- und Restaurantdichte ist das Reiseziel Nummer eins in Polen.

Doch noch eine ganze Reihe weiterer Highlights lassen sich in Kleinpolen ausmachen: Hier liegen die höchsten und wildesten Berge des Landes – die Hohe Tatra – und die meisten Nationalparks. Im Bieszczadzki-Nationalpark haben beispielsweise Braunbären, Luchse, Steinadler und Äskulapschlangen ein geschütztes Refugium gefunden. Wunderbare Wanderwege erschließen die Region. Und nicht zuletzt gehören zahlreiche Orte Kleinpolens zum Weltkulturerbe: Neben Krakau sind es Wieliczka, Kalwaria Zebrzydowska, Oświęcim (Auschwitz) und Zamość sowie Holzkirchen in den Karpaten und Karpatenvorland. Die Städte Kazimierz Dolny und Sandomierz an der Weichsel punkten als mittelalterliche Ensemble bei Architekturfreunden.

Neben Krakau empfehlen sich wegen guter Hotelangebote und touristischer Infrastruktur: Zakopane, Krynica Górska, Sanok, Rzeszów, Sandomierz, Zamość, Kazimierz Dolny, Lublin und Kielce.

Nationalapark Babia Góra an der polnisch-slowakischen Grenze

TOUREN IN DER REGION

^{TOUR}
10

ZUM UNESCO-WELTKULTURERBE IN DEN KARPATEN

ROUTE: Krakau › Kalwaria Zebrzydowska › Nowy Sącz › Bóbrka ›
Haczów › Lipnica Murowana › Krakau

KARTE: Seite 131
DAUER: 3 Tage, ca. 600 km
PRAKTISCHER HINWEIS:
• Diese Autotour lässt sich gut mit
  einem Abstecher nach Süden in
  die Berge, z. B. mit **Tour 12** › S. 130
  bzw. in einen der Nationalparks
  Kleinpolens › **S. 140** kombinie-
  ren – wie z. B. Pieniny, Hohe Tatra,
  Magurski oder Bieszczady.

TOUR-START:

Bei dieser abwechslungsreichen
Tour lernt man u. a. das nördliche
Karpatenvorland sowie die heraus-
ragenden Sakralbauten, UNESCO-
Weltkulturerbe, kennen.

Zunächst verdient unweit vom
Ausgangspunkt **Krakau 1** › S. 132
der größte Kalvarienberg (lebens-
große Nachbildungen des Leidens
Christi an einem erhöhten Ort) Europas Aufmerksamkeit, der nach
dem Vorbild von Jerusalem ab 1602
entstand (Kalwaria Zebrzydowska,
UNESCO-Welterbe, www.kalwaria.

eu). Der weitere Weg führt über
Rabka und **Nowy Targ** nach **Dębno
Podhalańskie.** Die Erzengel-Mi-
chael-Kirche aus dem 15. Jh. zählt
zu den wertvollsten Baudenkmä-
lern Polens. Sie wurde aus Lärchen-
holz ohne Metallnägel gezimmert
(Mo–Fr 9–12, 14–16.30, Sa 9 bis
12 Uhr).

Nowy Sącz bietet interessante
Bauwerke sowohl in seinem mittelalterlichen Stadtkern – Stiftskirche,
Synagoge, Museum des naiven Malers Nikifor – als auch in der nähe-
ren Umgebung, z. B. das Freilichtmuseum in der Vorstadt Falkowa
mit einer Holzkirche (Tipp: Hotel
Panorama, Ulica Romanowskiego
4 a, Tel. 0 18/4 43 71 10, www.hotel
panoramanowysacz.pl, €€). Fährt
man nach Osten, stößt man in
Sękowa, einem Dorf südlich der
Stadt **Gorlice**, auf die zweite Holzkirche und beim denkmalgeschützten **Biecz** auf die dritte: **Binarowa**
(um 1500). In **Bóbrka** steht ein Freilichtmuseum, das über die historische Erdölförderung informiert.
Hier arbeitete Ignacy Łukasiewicz,
der Erfinder der Petroleumlampe.

Weniger technisch Interessierte
zieht es zu weiteren UNESCO-Welt-
kulturerbestätten – nach **Haczów**,
wo die mit Abstand größte aller
Holzkirchen der Region (15. Jh.)
steht, sowie nach **Blizne**, einer
Holzkirche mit naiven Wandmale-
reien. › mehr S. 17 Punkt **33**

Über **Rzeszów** (gute Hotels)
führt der Rückweg. Unterwegs lo-

cken mehrere **Schlösser** › S. 129 und die letzte mittelalterliche Holzkirche in **Lipnica Murowana,** ebenfalls UNESCO-Weltkulturerbe. Von dort sind es etwa 60 km zurück nach **Krakau.**

TOUR 11

SCHLÖSSERTOUR DURCH KLEINPOLEN

ROUTE: Krakau › Łańcut › Krasiczyn › Sandomierz › Krzyżtopór › Kielce › Krakau

KARTE: Seite 131
DAUER: mind. 4 Tage, ca. 700 km
PRAKTISCHE HINWEISE:
- Ein Kraftfahrzeug ist für diese Tour unabdingbar, Übernachtungen sollte man rechtzeitig reservieren.
- Wer nach Lemberg (Ukraine) fahren möchte, benötigt für die Einreise einen Pass, der noch mindestens sechs Monate gültig ist.

TOUR-START:
Prachtvolle Schlösser prägen die weitgehend flache Region nördlich der Beskiden. Einst im Besitz bedeutender Magnatenfamilien, die im 16. und 17. Jh. die Geschicke des Landes bestimmten, glänzen einige heute als stilvolle Hotels.

50 km östlich von **Krakau** ■ › S. 132 erhebt sich in **Nowy Wiśnicz** das erste Schloss der Tour.

Es folgt in Dębno die spätgotische Burg des Kronkanzlers Jakub Dębiński. **Łańcut** hinter Rzeszow gehörte den Potockis, der nach den Radziwiłłs zweitwichtigsten Adelsfamilie von Polen-Litauen. Das frühbarocke, im 19. Jh. umgebaute Schloss im Ostteil des Ortes ist heute ein Museum für Innenarchitektur.

Nach 70 km erreicht man **Przemyśl** am Ufer des San. Über Fluss und Altstadt erhebt sich der Schlossberg mit der von Kasimir d. Gr. im 14. Jh. angelegten Burg, die im Ersten Weltkrieg eine Schlüsselrolle in den Kämpfen zwischen Russland und Österreich-Ungarn spielte.

Krasiczyn besticht mit einem Renaissanceschloss (1598–1618) in

Das Renaissanceschloss Krasiczyn

einem romantischen Park. Das in einem Nebengebäude untergebrachte Schlosshotel bietet sich gut zur Übernachtung an (Zamkowy, Tel. 0 16/6 71 83 21, www.krasiczyn. com.pl, €€).

Über **Leżajsk,** dessen Bernhardinerkirche die beste Orgel Südpolens besitzt, erreicht man das am hohen Weichselufer gelegene herausgeputzte **Sandomierz** ▸ **S. 144.** Im Ort **Baranów Sandomierski** überrascht der große Leszczyński-Palast, der dem Krakauer Königsschloss ähnelt und im Volksmund »Kleiner Wawel« genannt wird.

Eine imposante Schlossruine erblickt man nach 35 km in **Ujazd-Krzyżtopór.** Das Innere war einst prachtvoll ausgestattet, selbst für die Pferdeställe wurden Marmor aus Carrara verwendet. Die nächste Station ist **Nowa Słupia,** von wo aus eine Wanderung zum **Święty Krzyż,** zum Heilig-Kreuz-Kloster, unternommen werden kann.

Das Zentrum der Region ist die Stadt **Kielce** (197 000 Einw.), sie war lange Zeit im Besitz der Krakauer Bischöfe. Der beeindruckende frühbarocke Bischofspalast, in dem das **Nationalmuseum** eine respektable Gemäldesammlung zeigt, wurde um 1640 errichtet (www. mnki.pl, Mai–Aug. Di–So 10–18, sonst bis 17 Uhr).

Von Kielce führt eine gut ausgebaute Straße vorbei an der Burgruine von **Chęciny** aus dem 14. Jh., die einst zu den mächtigsten Verteidigungsgebäuden Polens zählte. Insgesamt sind es rund 120 km zurück nach **Krakau.**

TOUR 12

BERGWANDERN IN DER HOHEN TATRA

ROUTE: Palenica Białczańska ▸ Morskie Oko ▸ Czarny Staw ▸ Roztoka-Tal ▸ Wasserfälle Wodogrzmoty Mickiewicza

---

KARTE: Seite 131
LÄNGE: 1 Tag
PRAKTISCHE HINWEISE:
• Diese Wanderung setzt eine gewisse Grundkondition voraus; ein Muss ist festes Profilschuhwerk.
• Ausreichend Getränke mitnehmen! Bei zwei Bergherbergen kann man die Wasservorräte auffüllen.
• Die Anfahrt führt bis zum großen Parkplatz in Palenica Białczańska, 2 km südlich des Grenzübergangs in die Slowakei, Łysa Polana.
• Die Hohe Tatra ist in den Sommerferien stark frequentiert; ideale Reisezeit ist September.

TOUR-START:

Von **Palenica Białczańska** aus sind es zwei Stunden zu Fuß bis zum **Morskie Oko** (Meeresauge). Je früher man startet, desto größer die Chance, dass man diese Teilstrecke nicht in einer »Ausflügler-Prozession« bewältigen muss. Das Meeresauge gilt als der schönste und ist zugleich der größte See der Tatra. Der Name kommt von den Goralen, die glaubten, dass zwischen ihm und der Adria eine Verbindung existiert. Man geht entlang des östlichen Seeufers bis zur Abzweigung nach oben und erreicht den ruhigen **Czarny Staw** (Schwarzer Teich; rote Markierungen). Erfahrene und trainierte Wanderer steigen von hier aus auf den höchsten polnischen Gipfel, den **Rysy** (2503 m; 2 Std. ab Czarny Staw).

Unsere Tour führt zurück zum **Morskie Oko** und von dort ins **Tal der Fünf Polnischen Seen** (Dolina Pięciu Stawów Polskich): entweder auf dem schwierigeren Passweg über **Szpiglasowa** (gelbe Markierungen, ca. 3 Std., hinter dem Pass ist ein kurzer Abschnitt mit Ketten abgesichert), oder über **Świstówka** (blaue Markierungen), wo man in

TOUREN IN KLEINPOLEN

TOUR 10

ZUM UNESCO-
WELTKULTUR-ERBE IN
DEN KARPATEN

Krakau › Kalwaria Zebrzydowska › Nowy Sącz › Bóbrka › Haczów › Lipnica Murowana › Krakau

TOUR 11

SCHLÖSSERTOUR DURCH
KLEINPOLEN

Krakau › Łańcut › Krasiczyn › Sandomierz › Krzyżtopór › Kielce › Krakau

TOUR 12

BERGWANDERN IN DER
HOHEN TATRA

Palenica Białczańska › Morskie Oko › Czarny Staw › Roztoka-Tal › Wasserfälle Wodogrzmoty Mickiewicza

zwei Stunden die Herberge im Tal erreicht – relativ häufig sind hier Gämsen zu sehen.

Im Fünf-Seen-Tal sollte man unbedingt die Bergkulisse vom Großen Teich aus genießen. Dann beginnt der Abstieg (grüne Markierung), vorbei an dem höchsten Wasserfall der Tatra, Siklawa, mit 71 m, ins **Roztoka-Tal**. Ein leichter Weg führt bis zu den **Wasserfällen Wodogrzmoty Mickiewicza,** wo der Wanderweg auf die Straße Łysa Polana–Morskie Oko mündet.

UNTERWEGS IN KRAKAU (KRAKÓW) 1 ▮ E7

Jeder einzelne Stein in der Altstadt, die wie der Wawel zum UNESCO-Weltkulturerbe zählt, könnte eine Geschichte erzählen: von dem Waweldrachen, der zu Lebzeiten von König Krak schöne Mädchen verspeiste, von einer gewissen Wanda, die sich weigerte, einen Deutschen zu heiraten und es vorzog, sich in die Weichsel zu stürzen, oder von der 1997 heiliggesprochenen Königin Jadwiga (Hedwig), die einen Deutschen liebte, aber wegen der Staatsräson Großfürst Jagiełło von Litauen ehelichen musste und – bevor sie aus Gram starb – ihre Krone der Universität Krakau schenkte …

Heute gilt Krakau als Universitätsstadt und Kulturmetropole, die ihren Ruf hochkarätigen Bühnen, Museen sowie zahlreichen Klubs und Kneipen verdankt. Diese konzentrieren sich überwiegend in der Altstadt und in Kazimerz.

ALTSTADT

Von der **Barbakane** Ⓐ ▮ b1, einem Bollwerk aus dem 15. Jh., betritt man die Altstadt durch das **Florianstor** (Brama Floriańska). Es ist das einzige erhaltene Tor der im 19. Jh. abgerissenen Stadtmauer. Heute nutzen zahlreiche Künstler im Sommer die Reste der Stadtmauer als Freilichtgalerie. Ansonsten wurden die Befestigungsmauern durch die Grünanlagen »Planty« ersetzt.

Im nahen **Czartoryski Arsenal** Ⓑ ▮ b2 sind Schätze der Kunstsammlung von Prinzessin Izabella Czartoryski ausgestellt, u. a. antike Skulpturen, Kunsthandwerk, Gemälde und Drucke, bis das völlig umgebaute Czartoryski-Museum 2020 wieder eröffnet (Pijaska 8, www.mnk.pl, Di–Sa 10–18, So bis 16 Uhr). Da Vincis »Dame mit dem Hermelin« ist bis dahin im Haupthaus des Nationalmuseums › S. 134 zu sehen.

MARKTPLATZ ⭐

Am Florianstor beginnt die Floriansgasse (Ulica Floriańska), eine belebte Fußgängerpromenade, die zum weiträumigen mittelalterlichen

Kopfzerbrechen beim königlichen Spiel unterhalb des Wawel, der ehemaligen Königsresidenz

Marktplatz (Rynek Główny) führt. Patrizierhäuser aller Epochen säumen den Platz, in dessen Mitte die **Tuchhallen** (Sukiennice) ⓒ ▉ a/b2 stehen. Der Komplex stammt aus dem 14. Jh., wurde aber in der Renaissance so kunstvoll umgestaltet, dass der Bau Vorbildcharakter erlangte. Die ursprüngliche Handelsfunktion blieb erhalten, auch wenn hier nur noch Souvenirs und Kunsthandwerk der Region verkauft werden. Direkt unter den Tuchhallen entführt das multimediale **Muzeum Podziemia Rynku** in das mittelalterliche Krakau (www.podziemiarynku.com, April–Okt. Mo 10–20, Mi–So 10–22, Di 10–16, sonst Mi bis Mo 10–20, Di 10–16 Uhr, jeden ersten Di im Monat geschl.).

Vom alten Krakauer Rathaus blieb nur der gotische **Rathausturm** auf dem Marktplatz erhalten. Ein anderer Blickfang ist das **Denkmal** des Dichters Adam Mickiewicz › S. 43, der neben der **Adalbertkir-**che (Kościół św. Wojciecha), ein wenig verloren wirkt. Sie ist wohl die kleinste Kirche Krakaus und geht auf das 10. Jh. zurück.

Die Ostseite des Platzes begrenzt die imposante **Marienkirche** ⓓ ▉ b2. Charakteristikum der dreischiffigen Basilika aus dem 14. Jh. sind die beiden unterschiedlich gestalteten Türme. Jede Stunde ertönt vom linken Turm eine Fanfare. Sie bleibt allerdings unvollständig, denn als ein Trompeter im 13. Jh. die schlafende Stadt vor dem drohenden Mongoleneinfall warnte, durchbohrte ein Pfeil seine Kehle, sodass die Melodie jäh abbrach.

Die Marienkirche besitzt mit ihrem **Marienaltar** ⭐ ein Juwel spätgotischer Schnitzkunst: Veit Stoß schuf 1477–1489 den imposanten Flügelaltar, 13 m hoch und 11 m breit. Der Hauptaltar wird täglich um 11.50 Uhr geöffnet. Dann offenbart der Mittelschrein mit der eindringlich dargestellten Himmelfahrt Mariens das Können des Bildhauers (www.mariacki.com, Mo–Sa 11.30–18, So 14–18 Uhr).

COLLEGIUM MAIUS **E** 📖 a2

Für die Stadtgeschichte Krakaus sind zwei Daten besonders wichtig: das Jahr 1000, in dem das Bistum Krakau gegründet und damit das Fundament für die Blüte der Stadt gelegt wurde, und das Jahr 1364, als die Jagiellonen-Universität ins Leben gerufen wurde. Bis heute ist Krakau der begehrteste Studienort junger Polen. Das älteste noch erhaltene Gebäude der nach Prag zweitältesten Universität Mitteleuropas ist das Collegium Maius mit schönem gotischen Arkadenhof (www.maius. uj.edu.pl, Ulica Jagiellońska 15, Mo bis Fr 10–14.20, Sa 10–13.30 Uhr, nur mit Führung, alle 20 Min.).

Vom Collegium Maius lohnt sich ein Abstecher nach Westen zu einem restaurierten Getreidespeicher aus dem 17. Jh. Hier präsentiert das **EUROPEUM,** eine Dependance des Nationalmuseums, deutsche, italienische und niederländische Meister, darunter eine »Kreuzigung« von Paolo Veneziano und die »Anbetung des Kindes« von Lorenzo Lotto (Sikorskiego 6, www.mnk.pl, Di–Sa 10–18, So bis 16 Uhr).

Das Haupthaus des **National- museums** lohnt bis Mai 2020 wegen der Ausstellung des Leonardo-da-Vinci-Gemäldes »Die Dame mit dem Hermelin« aus der Kunstsammlung Czartoryski einen Besuch (Muzeum Narodowe, Aleje 3 Maja 1, www.mnk.pl, Di–Sa 10–18, So bis 16 Uhr).

VON DER ALTSTADT ZUM WAWEL

Vom Marktplatz aus folgt man der Ulica Grodzka, die den letzten Abschnitt des Königswegs zum Schloss auf dem Wawel bildet, und gelangt zur **Franziskanerkirche F** 📖 a3, die sich durch eine gelungene Stilkombination auszeichnet. Den gotischen Raum schmücken Jugendstilfenster des Fin-de-Siècle-Genies Stanisław Wyspiański (1869–1907). Auf dem Weg zum Wawel kann man der **Peter- und Paulkirche G** 📖 b3/4 einen Besuch abstatten. Sie ist die erste Barockkirche Polens. Der Architekt orientierte sich bei dem im Auftrag von Jesuiten erbauten Gotteshaus an der römischen Mutterkirche des Ordens – Il Gesú.

WAWEL **H** ⭐ 10 📖 a4

Am Ende des Königswegs geht es steil hinauf zum Wawel, auf dem sich unterschiedliche Bauten zu einem harmonischen Komplex zusammenfügen. Der **Dom** ist für die Polen nicht nur von religiöser, son-

A Barbakane
B Czartoryski Arsenał
C Tuchhallen
D Marienkirche
E Collegium Maius
F Franziskanerkirche
G Peter- und Paulkirche
H Wawel
I Alte Synagoge
J Jüdischer Friedhof

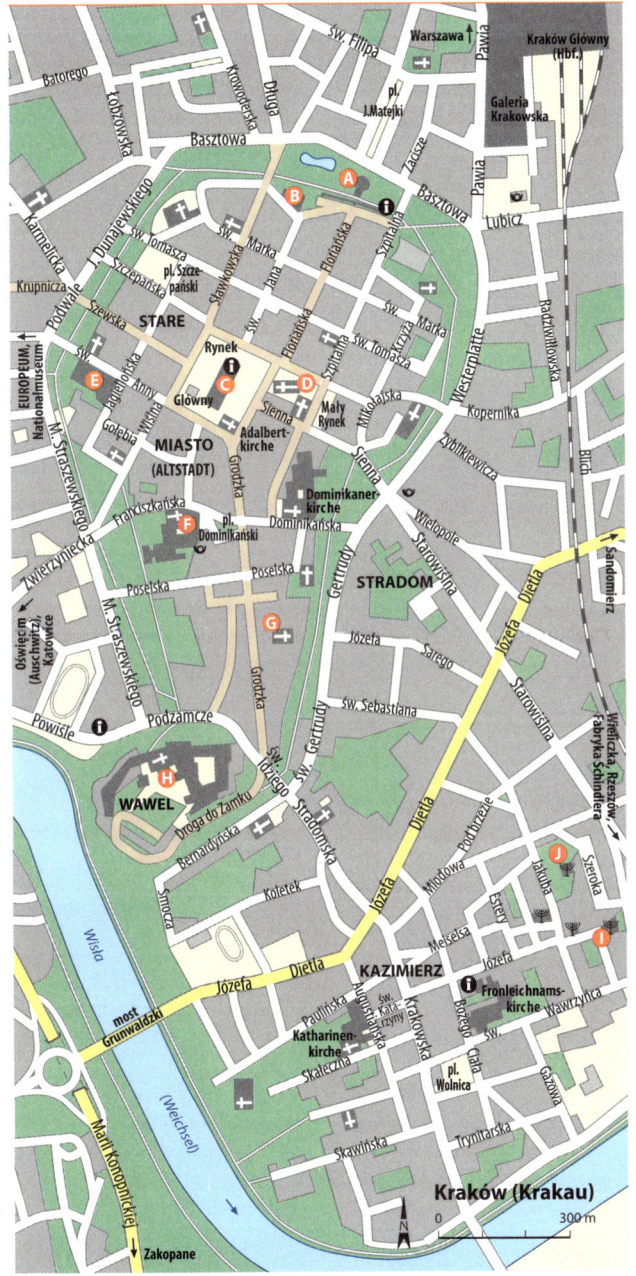

Kraków (Krakau)

0   300 m

dern vor allem von patriotischer Bedeutung. Denn seit 1320 wurden hier jahrhundertelang die polnischen Könige gekrönt, die vom 14. bis 16. Jh. von Krakau aus über ihr Reich herrschten. Sie ruhen in den Krypten des Doms, vereint mit Kirchenfürsten und Nationalhelden. In der Kirche sind zahlreiche Grabkapellen zu bewundern, u. a. die Kaplica Świętokrzyska, die Heilig-Kreuz-Kapelle mit ruthenisch-byzantinischen Fresken und dem marmornen Grabmal von Kasimir IV., einem Werk von Veit Stoß. Am schönsten ist die Sigismundkapelle (Kaplica Zygmuntowska), ein 1516 entworfener Renaissancebau mit einer außen vergoldeten Kuppel.

Etwas Kondition verlangt die Besteigung des **Sigismundturms** mit der Sigismundglocke (Dzwon Zygmunta). Sie wurde 1520 gegossen und in den letzten Jahrhunderten nur bei besonderen historischen Ereignissen geläutet. Wer den Klöppel mit der linken Hand berührt und dabei an seine geheimsten Wünsche denkt, kann hoffen, dass diese – wie eine Legende verspricht – alsbald in Erfüllung gehen (www.katedra-wawelska.pl, Mo–Sa 9–17, So 12.30–17 Uhr).

Das **Königsschloss** war über Generationen die Residenz der polnischen Herrscher. Innen wie außen beeindrucken Kunstwerke aus verschiedenen Epochen. Das heutige Erscheinungsbild im Stil der Renaissance geht auf einen Umbau von Anfang des 16. Jhs. zurück. Damals erhielt auch der **Schlosshof,** der in seiner Eleganz sicherlich

zu den herausragenden Beispielen in Europa zählt, seine Arkaden.

Die reich ausgestatteten königlichen Prunk- und Privatgemächer können ebenso besichtigt werden wie die Schatz- und Rüstkammer. Besonders wertvoll sind 136 figürliche Wandteppiche, die der letzte Jagiellonenkönig, Sigismund II. August, nach 1553 in Flandern anfertigen ließ (www.wawel.krakow.pl, April–Okt. Mo 9–11.45, Di–Fr bis 15.45, Sa/So 9.30–15.45 Uhr, Nov. bis März Di–Sa 9–14.45, So 9.30 bis 14.45 Uhr).

KAZIMIERZ

Als wirtschaftliche Konkurrenz zur stolzen Patrizierstadt Krakau wurde nach den Ideen Kasimirs des Großen im 14. Jh. die Stadt Kazimierz angelegt. Als die Juden 1495 aus Krakau vertrieben wurden, ließen sie sich hier nieder. Erst 1867 wurde Kazimierz nach Krakau eingemeindet. Von den 68 000 jüdischen Bewohnern im Jahr 1938 überlebten nur einige hundert die NS-Vernichtungslager.

Das **Jüdische Museum,** das sich in der ehemaligen **Alten Synagoge** (Stara Synagoga) ❶ ▌ c5 befindet, hält die Erinnerung an die untergegangene jüdische Kultur wach (Ulica Szeroka 24, www.mhk.pl, April bis Okt. Mo 10–14, Di–So 9–17, sonst Mo 10–14, Di–Do, Sa/So 9 bis 16, Fr 10–17 Uhr).

Neben der Remuh-Synagoge, ebenfalls an der Ulica Szeroka, befindet sich der 1533 angelegte **Jüdische Friedhof** ❶ ▌ c5. Er ist außer dem in Prag der einzige noch erhaltene jüdische Renaissancefriedhof in Europa.

Einige Juden verdanken ihr Leben dem Fabrikanten Oskar Schindler, wie Steven Spielbergs Spielfilm »Schindlers Liste« (1993) erzählt. Von Kazimierz aus lohnt sich ein Abstecher zur **Emaillefabrik Schindler** ⭐ – wegen der eindrücklich inszenierten multimedialen Ausstellung über die Shoa sowie die deutsche Besatzungszeit in Krakau (Fabryka Emaila Oskara Schindlera, Ulica Lipowa 4, www.mhk.pl, April–Okt. Mo 10–14, Di bis So 9–20, sonst Mo 10–14, Di–So 10–18 Uhr).

Der MHK-Radverleih bietet Tourenvorschläge zu Krakaus Historischen Museen (Cool Tour Company, Ulica Grodzka 2, www.cooltourcompany.com, tgl. 9.30–20 Uhr, ebenfalls Tages- und Abendtouren).

INFO

Info Kraków

- pl. Wszystkich Świętych 2
  31-004 Kraków | Tel. 0 12/6 16 18 86
  www.krakau.travel

Veranstaltungstipps findet man in Englisch unter www.karnet.krakow.pl (auch als monatliches Magazin), www.inyourpocket.com/krakow (auch als App und alle zwei Monate als Printversion) sowie www.cracow-life.com.

HOTELS

Columbus €€€

Modernes 3-Sterne-Hotel mit gemütlichen Zimmern im Stadtviertel Kazimierz.

- ul. Starowiślna 57 | Kraków
  Tel. 0 12/2 52 75 50
  www.hotelcolumbus.pl

Wentzl €€€

Geschmackvoll eingerichtetes Boutiquehotel mit grandiosem Altstadtblick.

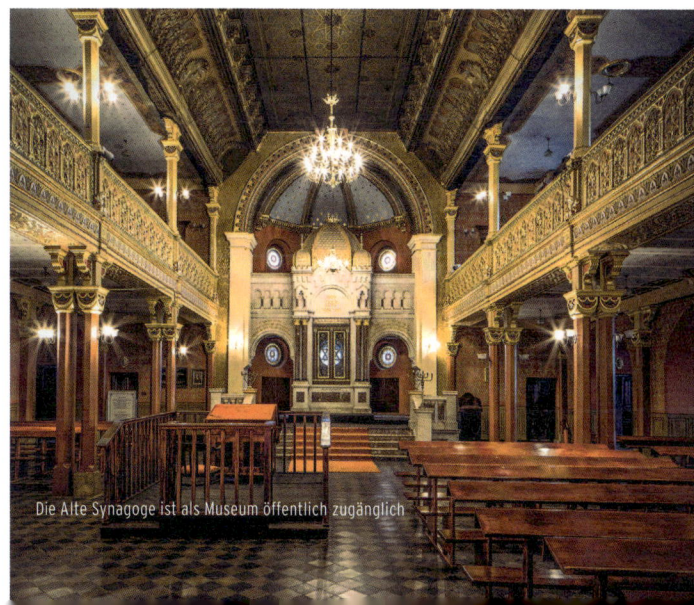

Die Alte Synagoge ist als Museum öffentlich zugänglich

- Rynek Główny 19 | Kraków
  Tel. 0 12/4 30 26 64
  www.wentzl.pl

hotelws.pl €€
Elegantes Traditionshaus am Rand der
Altstadt mit Restaurant.
- ul. Mikołajskiej 28 | Kraków
  Tel. 0 12/4 29 60 26 | hotelws.pl

RESTAURANTS

Wierzynek €€€
Hier tafelten Kaiser und Könige schon 1364.
Die Preise für die Gerichte nach altpolni-
schen Rezepten sind ebenfalls fürstlich.
Reservieren!
- Rynek Główny 15 | Kraków
  Tel. 0 12/4 2 96 00
  www.wierzynek.pl

Chimera €€
Das polnische Restaurant verfügt auch
über einen Selbstbedienungsbereich mit
großer Salatbar. > mehr S. 14 Punkt **15**
- ul. Św. Anny 3 | Kraków
  Tel. 0 12/2 92 12 12
  www.chimera.com.pl

Chłopskie Jadło €€
Populäres Restaurant mit rustikalem
Ambiente, deftige polnische Küche.
> mehr S. 15 Punkt **20**
- ul. Św. Agnieszki 1 | Kraków
  Tel. 0 12/4 21 85 20
  www.chlopskiejadlo.pl

Jama Michalika €€
Das im Jugendstil errichtete traditions-
reiche Café war um 1900 ein beliebter
Treffpunkt der Krakauer Boheme.
- ul. Floriańska 45 | Kraków
  Tel. 0 12/4 22 15 61
  www.jamamichalika.pl

Plac Nowy
Mitten auf dem Platz in Kazimierz steht
eine runde **Markthalle** mit Imbissständen.
Um diese herum durchstöbern vor allem
junge Leute samstags den Trödel- und
sonntags den sehr beliebten Secondhand-
markt, jeweils von ca. 7 bis 15 Uhr. Logen-
plätze, von denen man das Treiben beobachten kann, bieten die umliegenden Cafés
und Kneipen.

NIGHTLIFE

Das Nachtleben ist auch in Krakau sehr
schnelllebig, aber es gibt Klassiker, die
sich schon länger behaupten wie in der
Altstadt die Klubs **Hala Główna** (ul. Dolnych
Młynów 10) oder Klub **Kornett** (Al. Krasiń-
skiego 19, kornetklub.pl), der auf Jazz spe-
zialisiert ist.
In **Kazimierz** hebt sich das **Alchemia**
(ul. Estery 5, Tel. 0 12/ 4 21 22 00, www.
alchemia.com.pl) mit seinen Livekonzerten
von der Masse an Kneipen, Musik- und
Tanzklubs ab.

AUSFLÜGE VON KRAKAU

WIELICZKA **2** 📖 E7

Von Krakau aus gelangt man im
Minibus nach Wieliczka (10 km), er
fährt ab Ulica Starowiślna (neben
dem Hauptpostamt).

In Wieliczka wartet das großartige **Salzbergwerk** ⭐, das mit seinen unterirdischen Kirchen und
fantastischen Salzskulpturen zum
UNESCO-Weltkulturerbe gehört.
In engen Fahrstuhlkörben geht es
150 m in die Tiefe. Bereits im 12. Jh.
wurde hier das begehrte »weiße
Gold« abgebaut. Bei der Besichtigung des Bergwerks lernt man allerdings nur einen Ausschnitt der

300 km langen, unterirdischen Gänge kennen (www.kopalnia.pl, April–Okt. tgl. 7.30–19.30, Nov. bis März 8–17 Uhr).

OJCOWSKI-NATIONALPARK 3 ▌▌ E7

Nach der Besichtigung von Krakau bietet der Ojcowski-Nationalpark, nur rund 16 km nördlich der Stadt gelegen, ein willkommenes Kontrastprogramm. Die Schönheit der Karstlandschaft mit ihren rund 400 Höhlen, der reichen Tier- und Pflanzenwelt, muss einfach jeden begeistern (Parkverwaltung, Ojców 9, Tel. 0 12/3 89 20 05, www.ojcowskiparknarodowy.pl).

Das Wahrzeichen des Parks ist die sogenannte **Herkuleskeule**, ein eigenartiges Felsgebilde direkt an der Straße nahe der Ortschaft **Pieskowa Skała**, dessen **Renaissance-schloss** mit elegantem Arkadenhof ebenfalls sehenswert ist.

AUSCHWITZ (OŚWIĘCIM) UND BIRKENAU (BRZEZINKA) 4 ▌▌ E7

Das **Staatliche Museum Auschwitz-Birkenau** ★ bewahrt mit den Mahn- und Gedenkstätten die Erinnerung an über eine Million von Deutschen ermordete Menschen und versucht aufzuzeigen, wie Auschwitz zum Synonym für den grauenvollsten Völkermord der Geschichte werden konnte.

Das von den deutschen Besatzern in Polen 1940 errichtete Konzentrationslager Auschwitz wurde schon 1942 um das Vernichtungslager Auschwitz II-Birkenau, und das KZ Auschwitz II-Monowitz er-weitert. Außerdem gehörten 40 Nebenlager dazu.

Im KZ Auschwitz wurden hauptsächlich Juden aus ganz Europa, aber auch Sinti und Roma, polnische Intellektuelle, Kommunisten und Sowjetische Kriegsgefangene inhaftiert und getötet.

Das Vernichtungslager **Auschwitz-Birkenau** ★, 3 km nordwestlich, vereinfachte den Massenmord an den Juden. Die Züge mit den Deportierten endeten nun im Lager, gleich beim Ausstieg wurde selektiert. Wer nicht sofort in den Gaskammern umgebracht wurde, starb an den Folgen medizinischer Experimente, aufgrund von Misshandlungen, Krankheiten oder verhungerte. So wurden hier zwischen 1942 und 1945 über eine Million Juden ermordet.

Die einmarschierenden Russen konnten am 27. April 1945 nur wenige Überlebende befreien, denn die KZ-Wachmannschaften hatten das Lager zuvor geräumt und die meisten der Häftlinge weg von der herannahenden Front nach Westen getrieben – die wegen der unzähligen Opfer als Todesmärsche bezeichnet werden.

Um möglichst viele Menschen zu erreichen, wird kein Eintritt verlangt. Bei aller Trauer um die Toten ist damit der Appell verbunden, dass so etwas in Zukunft nie mehr passiert (Więźniów Oświęcimia 20, www.auschwitz.org, Juni–Aug. tgl. 7.30–19, April/Mai, Sept. tgl. bis 18, März, Okt. bis 17, Feb. bis 16, Jan./Nov. bis 15, Dez. bis 14 Uhr, Führungen auch in Deutsch).

UNTERWEGS IN KLEINPOLEN

TSCHENSTOCHAU (CZĘSTOCHOWA) 5 ▮ E6

Tschenstochau (229 000 Einw.) zählt zu den meistbesuchten Wallfahrtsorten der Welt. Millionen gläubiger Katholiken ziehen jährlich zum Klosterhügel, dem Jasna Góra (Heller Berg). Ihr Ziel ist eine kleine Ikone unbekannten Alters: die 1384 von Herzog Władysław von Oppeln gestiftete **Schwarze Madonna** ▮. Im Ersten Nordischen Krieg konnten die polnischen Truppen – so glaubten sie – nur mit Hilfe des Gnadenbildes die Schweden 1655 daran hindern, Tschenstochau zu erobern – ein Wunder angesichts der zahlenmäßigen Unterlegenheit. Dieser militärisch eher unbedeutende Erfolg hatte eine symbolhafte Wirkung und führte dazu, dass die Schweden aus ganz Polen vertrieben werden konnten. 1717 wurde die Madonna daher zur »Königin von Polen« ernannt.

Das Tschenstochauer Gnadenbild hängt in einer eigenen Kapelle, die nördlich an die Basilika anschließt, über einem frühbarocken Altar aus Ebenholz und Silber. Sie wird täglich feierlich ent- und verhüllt, sodass man ihr nur zeitweise ins Gesicht sehen kann (Mo–Fr 6 bis 12 und ab 13.30, So 6–13, 13.30 bis 21, Sa/So 6–13 und 14–21 Uhr).

Heute dominiert die ursprünglich gotische, später barockisierte **Basilika Mariä Himmelfahrt und** der Wiederauffindung des Hl. **Kreuzes** aus dem Jahr 1463, umgeben von Bollwerken und Klostergebäuden, die Gesamtanlage. Der Paulinerorden gründete das Kloster 1382. Die Schatzkammer mit verschiedenen Reliquien und der frühbarocke Rittersaal des Klostergebäudes sind ebenfalls zu besichtigen (www.jasnagora.pl, tgl. 5.30–21, Museen: März–Okt. tgl. 9–17, sonst bis 16 Uhr).

PIENIŃSKI-NATIONALPARK 6 ▮ F8

Ein ungetrübtes Naturerlebnis bietet das landschaftlich reizvolle Kalksteinmassiv Pieniny. Mit knapp 3000 ha Fläche ist der **Pieniński Park Narodowy** (www.pieninypn. pl) zwar einer der kleinsten polnischen Nationalparks, doch vereint er eine Fülle von Naturschönheiten und einen enormen Reichtum an verschiedenen Pflanzenarten, darunter der seltene Sadebaum.

Als Basis für Ausflüge in den Park und die atemberaubende Dunajec-Floßfahrt wählt man am besten den Kurort **Szczawnica** 7 ▮ F8.

DUNAJEC-FLOSSFAHRT

Der Höhepunkt eines Pieniny-Besuchs ist eine Floßfahrt auf dem Dunajec. Die Flöße aus fünf zusammengebundenen schmalen Langbooten werden durch die **Dunajec-Schlucht** von einheimischen Goralen gesteuert. Startpunkt ist die Anlegestelle Kąty bei Sromowce; in Szczawnica oder Krościenko endet die Floßfahrt (Näheres › S. 31).

INFO

Pienińskie Centrum Turystyki
- ul. Jagiellońska 107B
  Krościenko n/Dunajcem
  Tel. 0 18/2 62 56 02 55
  www.pieninypn.pl

HOTEL

Batory €€
Gediegenes 3-Sterne-Haus, charmante Zimmer, teils mit Balkon, Wellnessbereich und Restaurant.
- Park Górny 13 | Szczawnica
  Tel. 0 18/2 62 02 07 | www.batory-hotel.pl

HOHE TATRA

Zakopane ist die Basis für Ausflüge in die Hohe Tatra. Sowohl auf slowakischer – zwei Drittel – als auch auf polnischer Seite wird das Hochgebirge, das zu den Karpaten zählt, durch einen Nationalpark geschützt. Der **Tatrzański Park Narodowy** 12 📘 E8 wird von Hunderten markierter Wanderwege und Klettersteige diverser Schwierigkeitsgrade erschlossen (tpn.pl). So können Besucher die einmalige Flora und Fauna der alpinen Bergwelt kennenlernen. Unterhalb des höchsten Gipfels **Rysy** (2503 m) liegt der Gletschersee **Morskie Oko** (Meeresauge).

Die Hohe Tatra ist ein Paradies für Wanderer

ZAKOPANE 8 ⬛ E8

Am Fuße der Hohen Tatra liegt Zakopane. Die Wintersportmetropole Polens verfügt über mehrere Sprungschanzen und gut ausgebaute Skipisten. Das ehemalige Goralendorf hat sich zu einer geschäftigen Stadt entwickelt. Aber in den vielen umliegenden kleineren Ortschaften finden Erholungssuchende immer noch eine idyllische Bergwelt.

Das **Tatra-Museum** informiert über die Geschichte und Kultur der der Goralen › S. 142 sowie über Flora und Fauna der Tatra (ul. Krupówki 10, www.muzeumtatrzanskie.pl, Mai –Sept. Di–Sa 9–17, So bis 15, sonst Mi–Sa 9–17, So bis 15 Uhr).

INFO

Centrum Informacji Turystycznej
• ul. Kościuszki 17 | 34-500 Zakopane
 Tel. 0 18/2 01 22 11 | www.zakopane.pl

HOTELS

Tatra Chalet €€€
Idyllische Lage und idealer Ausgangspunkt für Erkundungen der Tatra, mit Restaurant, Sauna.
• ul. Bogdańskiego 5 | Zakopane
 Tel. 0 18/2 00 01 75
 www.tatrachalet.pl

Pensjonat Dolina Białego €€
Die Zimmer und Apartments sind über drei Häuser am Rand des Tatra-Nationalparks verteilt. Zur Verfügung stehen ein kleiner Wellnessbereich und ein Restaurant.
• ul. Droga do Białego 7 | Zakopane
 Tel. 0 18/2 01 43 80
 www.dolinabialego.pl

RESTAURANT

Karczma Czarci Jar €€
Uriges Restaurant mit typischer Regionalküche, nach Goralenart; mit viel Holz behaglich gestaltet. › mehr S. 14 Punkt 🔟

💬 DIE GORALEN – KUNST UND KÄSE DER KARPATEN

Die Volksgruppe der Goralen konnte in der Abgeschiedenheit des Talkessels Podhale nördlich der Hohen Tatra ihre eigene Kultur bewahren: ihre Bräuche, ihren Dialekt und ihre Trachten. Augenfälligstes Beispiel der Kultur ist die Holzarchitektur, wie man sie noch in einigen Dörfern bewundern kann (z. B. in Chochołów). Dass es so viele kunstvoll ausgestattete Häuser gibt, lässt sich kurioserweise auf die einstige Armut dieser Karpatenregion zurückführen. Über Generationen hinweg sahen sich Goralen gezwungen, auszuwandern. So kam es, dass die Volksgruppe im Nachkriegspolen über die meisten internationalen Kontakte verfügte. Es war Familienpflicht, die Verwandten in der Heimat zu unterstützen. Der Dollarsegen ließ hier große reiche Höfe entstehen, während andernorts die privaten Bauernhöfe verfielen. Die früher notorisch armen Bergbauern gelten heute als wohlhabend. Trotzdem leben einige weiterhin von der Schafzucht. Die beiden berühmten Käsesorten der Region, *bryndza,* ein quarkähnlicher pikanter Frischkäse, und *oscypek,* ein geräucherter Hartkäse, werden nach überlieferten Methoden hergestellt und als geschützte Markenprodukte gehandelt.

Farbenspiel im Bieszczadzki-Nationalpark an der Grenze zu Slowakei und Ukraine

• ul. Małe Żywczańskie 11a | Zakopane
  Tel. 0 18/2 06 41 78 | www.czarcijar.pl

SANOK 9 ▮ G8

Sanok ist idealer Ausgangspunkt für
Ausflüge in die Bieszczady, einen
Teil der Waldkarpaten. Interessant
ist das **Königsschloss** am Hochufer
des San mit einer Ikonensammlung
(ul. Zamkowa, April–Okt. Mo 8–12,
Di–So 9–17, sonst Mo 8–12, Di/Mi
9–17, Do–So 9–15 Uhr, www.muze
um.sanok.pl).

Außerdem lohnt das Freilichtmuseum **Muzeum Budownictwa
Ludowego** im Stadtteil Biała Góra
einen Besuch. Hier kann man u. a.
die Holzbauweise der Bojken und
Lemken, zweier hier lebender russi-
nischer Volksgruppen, kennenlernen (Ulica Traugutta 3, skansen.
mblsanok.pl, Mai–Sept. tgl. 8–18,
April, Okt. bis 16, sonst bis 14 Uhr).

In **Lesko** 10 ▮ G8, etwa 13 km
hinter Sanok, beginnt eine etwa
100 km lange Ringstraße durch den
traumhaft schönen südöstlichsten
Zipfel Polens, die Bieszczady-
Schleife. Im Jahr 1973 wurde hier
der **Bieszczadzki Park Narodowy**
geschaffen (www.bdpn.pl). Inzwischen ist er Teil des trilateralen Bio-
sphärenreservats Ostkarpaten (Po-
len/Slowakei/Ukraine). Zauberhafte
Wege laden zum Wandern und Reiten ein, z. B. zum höchsten Gipfel
des Gebirges, der Tarnica (1346 m).
In den Nadel- und Buchenwäldern,
die die steilen Berghänge bedecken,
leben Wölfe, Luchse, Braunbären
und Wisente.

INFO

Centrum Informacji Turystycznej
• Rynek 14 | 38-500 Sanok
  Tel. 0 13/4 63 60 60
  www.sanok.pl

KLEINPOLENS NATIONALPARKS

- Im **Babiogórski Park Narodowy** E8 (Babia Góra NP, www.bgpn.pl), UNESCO-Biosphären-reservat, erhebt sich der Diablak mit 1725 m.
- Der **Bieszczadzki Park Narodowy** (Bieszczady NP) in den Waldkarpaten ist ein Wander-paradies. > S. 143
- Zahlreiche Raubvögel haben im **Gorczański Park Narodowy** F8 (Gorce NP, www.gorczanskipark.pl) im Süden Kleinpolens ihr Revier. In den Beskiden sind großartige Panoramen garantiert.
- An der Grenze zur Slowakei liegt der **Magurski Park Narodowy** F8 (Magura NP, www.magurskipn.pl), ein Biotop für Luchse und Braunbären.
- Bizarre Karstlandschaften erlebt man im **Ojcowski Park Narodowy** (Ojców NP). > S. 139
- Floßfahrten auf dem Dunajec sind eine der Attraktionen im **Pieniński Park Narodowy**. > S. 140
- Die Torfmoore im **Poleski Park Narodowy** H5 (Polesie NP, www.poleskipn.pl) sind Rastplätze für Zugvögel und Heimat der Sumpfschildkröte.
- Zurückgezüchtete Nachkommen von Urwildpferden leben im **Roztoczański Park Narodowy** in der Wojewodschaft Lublin H6 (Roztocze NP, www.roztoczanskipn.pl).

HOTELS

Jagielloński €€

Restauriertes Stadtpalais mit 22 Zimmern in zentraler Lage, mit Restaurant.

- ul. Jagiellońska 49 | Sanok
  Tel. 0 13/4 63 12 08
  www.hoteljagiellonski.pl

Leśny Dwór €

Freundliche Pension im Dorf Wetlina an der Grenze zum Nationalpark, etwa 70 km von Sanok entfernt.

- Wetlina 73 | Wetlina
  Tel. 0 13/4 68 46 54
  lesnydwor.bieszczady.pl

SANDOMIERZ 11 G6

Trotz ihres beschaulich-provinziellen Flairs blickt die Stadt auf eine große Geschichte zurück. Neben Krakau war Sandomierz im Mittelalter die zweitwichtigste Stadt der Provinz und eine Zeit lang Sitz eines eigenständigen Herzogtums. Sie liegt ausgesprochen reizvoll auf dem Hochufer der Weichsel und bezaubert mit einem weitgehend erhaltenen, mittelalterlichen Stadtkern.

Davon kann man sich beim Ausblick vom Turm am gotischen **Opatowska-Tor** überzeugen. Auf dem weiten, leicht abfallenden **Marktplatz** thront ein gotisches, später im Renaissancestil umgebautes Rathaus. Ein paar Schritte weiter erreicht man die **Kathedrale** aus dem 14. Jh. Im Chor blieben die gotischen Wandgemälde erhalten. Auffällig sind auch die 12 Barockgemälde (1708–37) von Karl de Prevot im Kirchenschiff, die ein »Kalendarium« bilden.

INFO
Centrum Informacji Turystycznej
- Rynek 20 | 27-600 Sandomierz
  Tel. 0 15/6 44 61 05
  www.sandomierz.travel

HOTEL
Basztowy €€€
3-Sterne-Hotel in der Nähe vom Marktplatz mit Wintergarten und einem stilvollen Restaurant. Spa mit Sauna und Massagen.
- pl. Księcia J. Poniatowskiego 2 Sandomierz | Tel. 0 15/8 33 34 50
  www.hotelbasztowy.pl

KAZIMIERZ DOLNY 12 ⭐ 🔖 G5

Zu Recht wird dieser kleine Ort als einer der pittoreskesten Polens bezeichnet. Seit Generationen zieht das mediterrane Flair der an der Weichsel liegenden Stadt Künstler und Schriftsteller an. Kazimierz Dolny war einst eine Stadt der Getreidehändler, die durch den Handel entlang der Weichsel bis nach Danzig und weiter nach Westeuropa im 16. Jh. zu Wohlstand gelangt waren, wie einige schmucke Bürgerhäuser bezeugen.

Am **Marktplatz** stehen die zwei schönsten, reich dekorierten Häuser: »Zum Heiligen Christophorus« und »Zum Heiligen Nikolaus«. Außerdem erhebt sich hangaufwärts die **Pfarrkirche** mit einer sehenswerten alten Orgel aus dem 16. Jh. und oberhalb davon eine Burgruine, ebenfalls aus dem 16. Jh., ein idealer Aussichtspunkt über das weite Weichseltal.

INFO
Centrum Informacji Turystycznej
- Rynek 27 | 24-120 Kazimierz Dolny
  Tel. 0 81/8 81 07 09
  www.kazimierz-dolny.pl

HOTEL
Król Kazimierz €€€
Das 4-Sterne-Hotel liegt zentrumsnah; mit Spa, Restaurant und Blick auf die Weichsel.
- ul. Puławska 86 | Kazimierz Dolny
  Tel. 0 81/8 80 99 99
  www.krolkazimierz.pl

LUBLIN 13 🔖 G5/6

Lublin ist das Zentrum Ostpolens (340 000 Einw.). Auf dem Handelsweg zwischen Warschau und Lemberg gelegen, war die Stadt Tagungsort des polnischen Reichstags *(sejm)*, der 1569 Polen und Litauen zu einem »untrennbaren Leib« verbunden hat (Lubliner Union). Außerdem war Lublin im 16.–18. Jh. der wichtigste Versammlungsort der Vierländersynode, der Vertretung der jüdischen Gemeinden im Königreich Polen. Bereits im 14. Jh. hatten sich vor dem Grodzka-Tor am Fuß des Schlossbergs jüdische Kaufleute angesiedelt. 1517 wurde hier die erste Jeschiwa in Polen gegründet, mit der Jeschiwa Chachmei im Jahr 1930 die weltweit größte Talmudschule. Das Gebäude überstand die deutsche Besatzung ab 1939, während die meisten Lubliner Juden, immerhin fast die Hälfte der Bevölkerung im deutschen KZ Majdanek umgebracht wurden. Im Juli 1944 konstituierte sich nach dem Abzug der deutschen und dem Einmarsch der russischen Truppen eine polnische, die sogenannte Lubliner Regierung von Stalins Gnaden, die bis Januar 1945 bestand. In der Nachkriegszeit war Lublin bekannt für die katholische Universität die der staatlichen und der sonst im Land verbindlichen marxistischen Ideologie mutig Paroli bot.

Auf einer Anhöhe östlich der Altstadt macht sich das **Schloss** breit. Bedeutendstes Gebäude der Anlage ist die gotische Dreifaltigkeitskapelle mit Fresken im byzantinischen Stil (13. Jh.). Heute ist die hauptsächlich neogotische Anlage als Teil des **Lubliner Museums** zugänglich (www. muzeumlubelskie.pl, Ulica Zamkowa 9, Mai–Aug. tgl. 10–18, sonst bis 17 Uhr). Ebenfalls erhöht liegt der mittelalterliche Stadtkern. Im Zentrum befindet sich der Platz mit dem Rathaus. Auch Teile der Stadttore- und mauern blieben erhalten, wie das Grodzka-Tor im Osten und das Krakauer Tor (Brama Krakowska) im Westen der Altstadt, mit einer Ausstellung des Lubliner Museums zur Stadtgeschichte (www.muzeum lubelskie.pl, Juni–Aug. Di–So 10 bis 18, sonst bis 16 Uhr). Vor dem Tor beginnt die Krakauer Vorstadt (Krakowskie Przedmieście), die als Fußgängerzone mit Geschäften, Cafés und Restaurants Besucher anzieht.

Im Süden der Stadt erinnert das im ehemaligen deutschen Konzentrations- und Vernichtungslager Majdanek eingerichtete Museum an die Opfer 1941–44 (Droga Męczenników Majdanka 67, www.majda nek.eu, April–Okt. Di–So 9–17, sonst bis 16 Uhr).

INFO
Informacji Turystycznej
- ul. Jezuicka 1–3 | 20-113 Lublin
  Tel. 0 81/5 32 44 12 | www.lublintravel.pl

HOTEL
Europa €€€
Tagungshotel mit 73 elegant ausgestatteten Zimmern. Restaurant, Bar.
- ul. Krakowskie Przedmieście 29 | Lublin
  Tel. 0 81/5 35 03 03 | www.hoteleuropa.pl

ZAMOŚĆ 14 ⭐ 📖 H6

Ein wirkliches Kleinod ist Zamość, das ab 1578 auf Anordnung des polnischen Reichskanzlers Jan Zamoyski als Idealstadt nach Plänen des venezianischen Baumeisters Bernardo Morando im Stil der Renaissance erbaut wurde. Das Zentrum bildet der Markplatz (Rynek Wielki), den das **Rathaus** mit seinem 50 m hohen, achteckigen Uhrturm, dem ein Barockhelm aufgesetzt wurde, beherrscht. Der **Marktplatz** wird von wunderschönen Bürgerhäusern mit Laubengängen gerahmt. Ein Schmuckstück des Manierismus ist die Kollegiatskirche (1587–1630), ein Beispiel der Spätrenaissance die Alte Synagoge (1610 bis 1618). Übrigens ist Zamość die Geburtsstadt von Rosa Luxemburg, der Aktivistin der europäischen Arbeiterbewegung.

RESTAURANT
Bohema €€
Internationale hausgemachte Küche.
- Ulica Stanisława Staszica 29 | Zamość
  Tel. 0 84/6 27 14 43
  www.bohemazamosc.pl

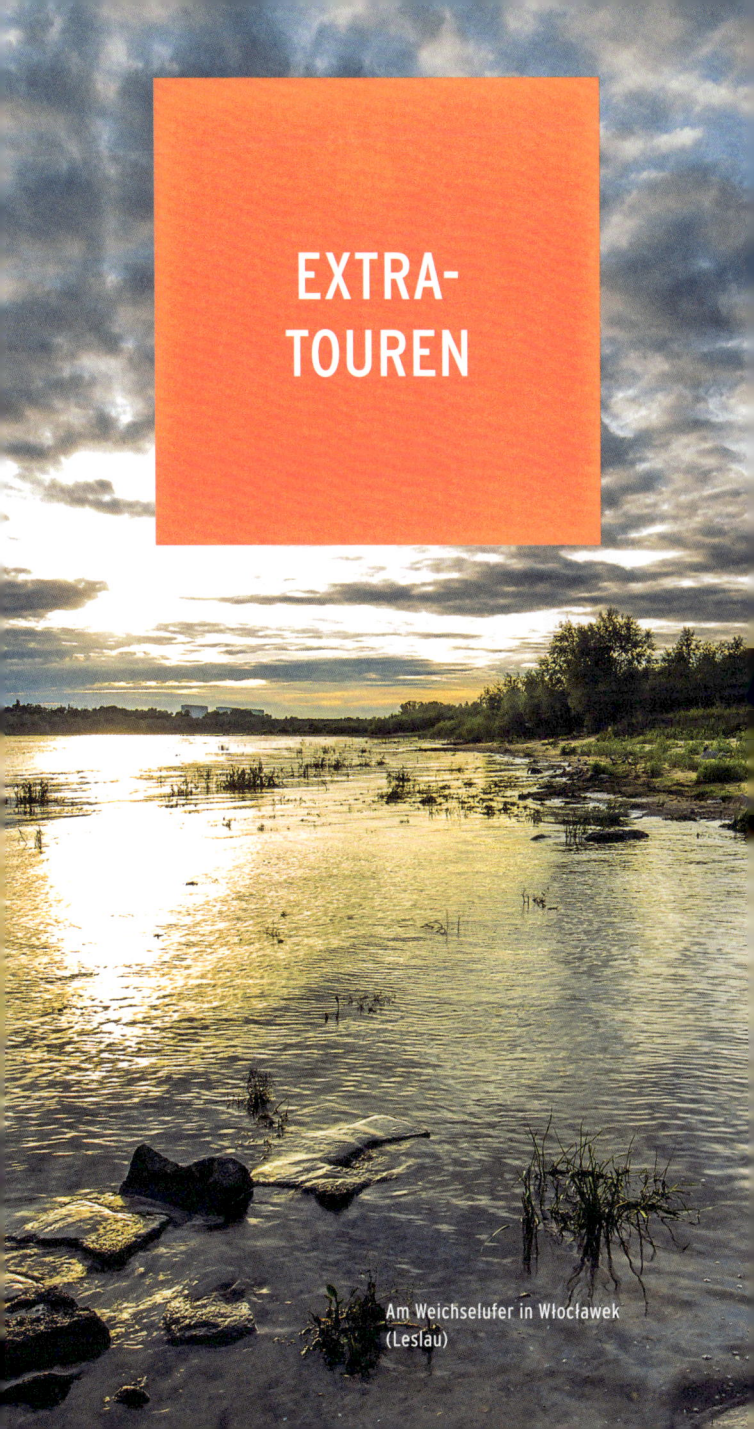

EXTRA-TOUREN

Am Weichselufer in Włocławek
(Leslau)

^TO^UR
13

VON DER ODER OSTWÄRTS IN EINER WOCHE

ROUTE: Szczecin › Słupsk › Danzig › Marienburg › Elbląg › Olsztyn › Mikołajki › Ełk › Augustów › Ogrodniki

KARTE: Klappe hinten
DISTANZEN: Szczecin › Słupsk › Danzig (365 km, 4 Std.); **Danzig › Malbork › Elbląg** 91 km, 1 1/4 Std.; **Elbląg › Olsztyn** 113 km, 1,5 Std.; **Olsztyn › Mikołajki** 85 km, 1,5 Std.; **Mikołajki › Ogrodniki** 165 km, 3 Std.
VERKEHRSMITTEL: Die beste Verbindung für diese Autotour von Deutschland nach Masuren und weiter ins Baltikum bietet die E 28 von Stettin nach Danzig; über die E 77 und die Landesstraße 16 über Olsztyn geht es weiter ostwärts.

Die Landschaft Hinterpommerns, die masurische und suwałkische Seenplatte sowie Danzig und die nahe Marienburg als Kulturhighlights machen den Reiz dieser Tour aus. Den ersten Tag verbringt man in **Stettin** › S. 71, bevor es am zweiten Tag über **Słupsk** › S. 67, **Lębork** und **Wejherowo** ins geschichtsträchtige **Danzig** › S. 56 weitergeht. Für die alte Hansestadt sollte man zwei Tage einplanen. Am fünften Tag fährt man entweder auf direktem Weg nach **Elbląg** › S. 79, wo eine Fahrt auf dem Oberländischen Kanal lockt oder man macht einen Schlenker über **Malbork** mit der majestätischen **Marienburg** › S. 63. Am sechsten Tag geht es von Elbląg über sanfte Hügel nach **Olsztyn** › S. 81, der von vielen Seen umgebenen Hauptstadt der Wojewodschaft Ermland–Masuren. Die Route führt dann über **Mrągowo** › S. 84 nach **Mikołajki** › S. 86 am Jezioro Śniardwy (Spirdingsee). Am siebten Tag geht es durch das östliche Masuren nach Augustów mit dem gleichnamigen Kanal des 19. Jh. und durch die suwałkische Seenplatte über **Sejny** nach **Ogrodniki** › S. 87, dem Grenzort zu Litauen. Diese Tour kann beliebig verlängert werden.

Schleuse am Oberländischen Kanal

ENTLANG DER WEICHSEL IN EINER WOCHE

> **ROUTE:** Danzig › Grudziądz › Chełmno › Toruń › Włocławek › Warschau › Kazimierz Dolny › Sandomierz › Krakau

> **KARTE:** Klappe hinten
> **DISTANZEN:** Danzig › **Chełmno** 125 km, knapp 1,5 Std.; **Chełmno** › **Toruń** 45 km, ca. 30 Min.; **Toruń** › **Warschau** 220 km, 3 Std.; **Warschau** › **Krakau** 400 km, 6 Std.
> **VERKEHRSMITTEL:** Für diese Tour ist ein Auto unerlässlich.

Die Tour folgt dem längsten polnischen Fluss, der Weichsel und führt von Danzig über Warschau nach Krakau. Es ist eine Reise durch die Geschichte und Kultur des Landes. Eine Lehrstunde in polnischer Geschichte erwartet den Besucher am Ausgangspunkt der Tour, in **Danzig** › S. 56. In der einstigen Hansestadt entstand die Gewerkschaft Solidarność, die das Land zu dem gemacht hat, was es heute ist: ein freies, demokratisches Polen. Am zweiten Tag, auf dem Weg nach Süden, bietet sich die Besichtigung der Zisterzienserabtei in **Pelplin** (14. Jh.) an. Danach fährt man an **Gniew** vorbei, wo eine Deutschordensburg (13. Jh.) erhalten ist. Bald ist am gegenüberliegenden Weichselufer die lebhafte Provinzstadt **Grudziądz** (Graudenz) erreicht. 26 Speicherhäuser (16.–18. Jh.) aus Backstein ragen am Hochufer mehrstöckig empor, während sie es auf der Stadtseite nur auf ein Obergeschoss bringen. Zum Programm aller geschichtlich interessierten Polenreisenden gehört **Chełmno** (Kulm), im 13. Jh. Sitz des Deutschen Ordens, dessen spätere Stadtgründungen das Kulmer Recht erhielten. Nach der Stadtbesichtigung von **Toruń** › S. 111, dem Etappenziel am dritten Tag, überqueren Sie wieder die Weichsel und steuern **Ciechocinek** › S. 69 an. Die Hauptattraktion des Heilbades ist das von 1828 stammende Gradierwerk, das neben der Anlage in Bad Dürrenberg/Sachsen-Anhalt zu den ältesten und größten der Welt zählt. Heute dient es nicht mehr der Salzgewinnung: Die salz- und mineralhaltige Luft wirkt lindernd bei Erkrankungen der Atemwege. Vorbei an **Włocławek,** mit einer sehenswerten Kathedrale, und **Płock** › S. 103 erreicht man **Warschau** › S. 92. Für die Besichtigung der Hauptstadt sollte man zwei bis drei Tage einplanen. Dann führt die Tour in einem weiten Schlenker über **Puławy** mit einem barock-klassizistischen Schloss samt englischem Garten und das pittoreske **Kazimierz Dolny** › S. 145 nach **Sandomierz** S. 144. Der Höhe- und Endpunkt der Tour ist **Krakau** › S. 132 am siebten Tag.

QUER DURCHS LAND IN 14 TAGEN

ROUTE: Posen › Toruń › Marienburg › Danzig › Olsztyn › Warschau › Częstochowa › Krakau › Zakopane › Breslau › Jelenia Góra

KARTE: Klappe hinten
DISTANZEN: **Poznań** › **Toruń** 160 km, 3 Std.; **Toruń** › **Danzig** Danzig 215 km, ca. 3,5 Std.; **Elbląg** › **Warschau** 290 km, 4 Std.; **Częstochowa** › **Krakau** 115 km, 2,5 Std.; **Zakopane** › **Jelenia Góra** 440 km, 6 Std. (angegebene Zeiten sind Fahrtzeiten mit dem Auto)
VERKEHRSMITTEL: Es gibt gute Zugverbindungen zwischen den größeren Städten, wenn man die Sehenswürdigkeiten außerhalb davon ansteuern möchte, benötigt man jedoch ein Auto.

Bei dieser Tour erhält man einen umfassenden Eindruck von Polens Regionen und besucht einige der schönsten und geschichtsträchtigsten Städte des Landes. Nach der Besichtigung von **Poznań** › S. 106 führt der Weg am ersten Tag zur Wiege des Deutschordensstaates, nach **Toruń** › S. 111. Am zweiten Tag steuert man die hübschen im Mittelalter gegründeten Städte **Chełmno**, **Grudziądz** und **Kwidzyn** an und besucht die **Marienburg** › S. 63, den am Nogatufer aufragenden Hauptsitz des Deutschen Ordens, bevor es zum Etappenziel **Danzig** › S. 56 geht. Der dritte Tag reicht gerade, um den historischen Kern der einstigen Hansestadt zu besichtigen.

Um Masuren kennenzulernen, sollte man am vierten Tag in **Olsztyn** › S. 81 Station machen und von dort am fünften Tag einen Ausflug nach **Święta Lipka** (Heiligelinde) › S. 84, zur **Wolfsschanze** › S. 85 bei Kętrzyn und nach **Mikołajki** › S. 86 unternehmen. Mit der Deutschordensburg in **Nidzica** verabschiedet man sich am fünften Tag von der hügeligen Welt des einstigen Ordenslandes und wechselt in das flache Masowien über. Nach zwei Tagen in **Warschau** › S. 92 lockt auf der Weiterfahrt am neunten Tag die Schwarze Madonna von **Częstochowa** › S. 140. Nächstes Etappenziel ist **Krakau** › S. 132, für das zwei Tage einzuplanen sind. **Zakopane** und die **Hohe Tatra** › S. 141 entführen am zwölften Tag in eine grandiose Bergwelt.

Am 13. Tag steht ein Besuch des Renaissanceschlosses in **Brzeg** › S. 123 an, bevor es in die Odermetropole **Breslau** › S. 118 mit ihrer schönen Altstadt weitergeht. Am zwölften Tag erreicht man über **Świdnica** › S. 123 das Ende der Tour in **Jelenia Góra** › S. 125 am **Riesengebirge** › S. 125.

INFOS VON A–Z

ÄRZTLICHE VERSORGUNG

Auch in entlegenen Gebieten des Landes sind eine Polyklinik oder ein Privatarzt zu finden, die im Notfall medizinische Hilfe leisten. Arztrechnungen müssen in der Regel sofort bar bezahlt werden.

Gesetzlich Krankenversicherte sollten unbedingt ihre Europäische Krankenversicherungskarte (EHIC) mitführen, der Abschluss einer Auslandskrankenversicherung ist in jedem Fall zu empfehlen, da nur diese freie Arztwahl und den Rücktransport im Notfall garantiert.

Gängige Medikamente sind erhältlich, wer aber auf bestimmte Präparate angewiesen ist, sollte diese unbedingt zu Hause besorgen und in ausreichender Menge mit auf die Reise nehmen.

BARRIEREFREIES REISEN

Da viele Hotels in Polen in den vergangenen zehn Jahren errichtet wurden, ist die Auswahl an behindertengerechten Zimmern in allen Landesteilen groß. Neubauten verfügen standardmäßig über barrierefreie Zugänge, behindertengerechte Toiletten oder Markierungen für Sehbehinderte.

Über geeignete Unterkünfte, Restaurants, Kultur-, Sport und Unterhaltungsangebote, Transportmöglichkeiten, aber auch über touristische Routen informiert www.turystykadlawszystkich.pl.

DEVISENBESTIMMUNGEN

Złoty (PLN) dürfen wie alle fremden Währungen ohne Einschränkung ein- und ausgeführt werden. Die Ein- und Ausfuhr von Devisen in Höhe von mehr als 5000 € ist deklarationspflichtig.

DIPLOMATISCHE VERTRETUNGEN

• **Deutsche Botschaft in Polen:**
  ul. Jazdów 12, 00-467 Warszawa,
  Tel. 0 22/5 84 17 00,
  www.warschau.diplo.de
• **Deutsche Generalkonsulate:**
  al. Zwycięstwa 23, 80-219 **Gdańsk-Wrzeszcz** (Danzig), Tel. 0 58/
  3 40 65 00, www.danzig.diplo.de;
  ul. Stolarska 7, 31-043 **Kraków** (Krakau), Tel. 0 12/4 24 30 00,
  www.krakau.diplo.de;
  ul. Podwale 76, 50-449 **Wrocław** (Breslau), Tel. 0 71/3 77 27 00,
  www.breslau.diplo.de
• **Österreichische Botschaft in Polen:**
  ul. Gagarina 34,00-748 Warszawa,
  Tel. 0 22/8 41 00 81, www.bmeia.gv.at/
  pl/ambasada-austrii-warszawa/
• **Schweizer Botschaft in Polen:**
  al. Ujazdowskie 27, 00-540 Warszawa,Tel. 0 22/6 28 04 81,
  www.eda.admin.ch/warsaw

EINREISE UND AUSREISE

Für Deutsche, Österreicher und Schweizer genügt der Personalausweis bzw. die Identitätskarte, Kinder benötigen ein eigenes Reisedokument.

FEIERTAGE

• 1. Januar (Neujahr)
• Ostermontag
• 1. Mai (Tag der Arbeit)
• 3. Mai (Tag der Verfassung)
• Fronleichnam
• 15. August (Mariä Himmelfahrt)
• 1. November (Allerheiligen)
• 11. November (Nationalfeiertag)
• 25./26. Dezember (Weihnachten)

Karfreitag und Pfingstmontag sind keine gesetzlichen Feiertage. Nationalfeiertag ist der 11. November, der der Wiedererstehung des polnischen Staates 1918 gedenkt. Mariä Himmelfahrt ist gleichzeitig Staatsfeiertag in Polen (Tag der polnischen Armee) zum Gedenken an das sogenannte »Wunder an der Weichsel«, eine siegreiche Schlacht gegen die Rote Armee im Jahr 1920.

GELD UND WÄHRUNG

Die polnische Währung ist der Złoty (PLN). In Umlauf sind Banknoten zu 10, 20, 50, 100 und 200 Złoty (PLN) sowie Münzen (Groszy, gr) im Nennwert von 1, 2, 5, 10, 20 und 50 gr.

Ein Złoty (PLN) entspricht etwa 0,23 € bzw. 0,26 CHF, für 1 € erhält man etwa 4,29 PLN, für 1 CHF 3,81 PLN (Dez. 2018). Günstiger ist der Kurs, wenn man Geld in Polen wechselt.

Man kann Euro/Franken in Polen bei Banken oder privaten Wechselstuben (Kantor) in Złoty umtauschen. Unkompliziert Bargeld, je nach Bank bis 3000 PLN, erhält man an den Geldautomaten, die flächendeckend zur Verfügung stehen. Bei der Abhebung sollte man den nur vermeintlich unsicheren Tageskurs wählen und nicht den ungünstigeren Garantiekurs.

Gängige Kreditkarten werden von allen großen Hotels, Fluggesellschaften, Autovermietungen sowie den meisten Restaurants und Geschäften angenommen.

Bei Zahlungen mit EC-oder Kreditkarte sollte man die angebotene Abrechung in Euro ablehnen – diese unterliegt nicht dem offiziellen Wechselkurs – und auf Zahlung in Landeswährung bestehen.

Wichtig: EC- und Kreditkarten sollte man bei Verlust sofort sperren lassen unter Sperrnotruf: Tel. 00 49 11 61 16.

💬 URLAUBSKASSE

• Tasse Kaffee	1,50–2 €
• Softdrink	1–2 €
• Glas Bier	1,50–3 €
• Bratwurst	2 €
• Kugel Eis	0,50 €
• Taxifahrt (10 km)	7–10 €
• Mietwagen/Tag	ab ca. 35 €

HAUSTIERE

Hunde und Katzen benötigen den EU-Heimtierpass *(pet pass)*. Er ist nur mit gleichzeitiger Identifikation des Tieres durch Mikrochip gültig. Der Tierarzt, der den Pass ausstellt, muss auch eine Tollwutimpfung bestätigen.

INFORMATION

In den meisten Orten wird man eine Touristeninformation vorfinden, die mit dem Zeichen »i« gekennzeichnet ist. Wer sich schon vor der Reise informieren möchte, wende sich an das

• **Polnisches Fremdenverkehrsamt,**
  in Deutschland: Hohenzollerndamm 151, D-14199 Berlin, Tel. 030/21 00 92-0;
  in Österreich: Fleschgasse 34/2a, A-1130 Wien, Tel. 01/5 24 71 91;
  www.polen.travel

NOTRUF

• Europaweiter Notruf (Feuerwehr, Polizei, Rettungsdienst): Tel. 112 (auch mobil)
• Pannendienst: Tel. 981

ÖFFNUNGSZEITEN

Die **Geschäftsöffnungszeiten** variieren und ändern sich oft. In größeren Städten gibt es Lebensmittelläden, die rund um die Uhr geöffnet haben.

Private **Wechselstuben** haben meist bis 18 Uhr geöffnet, die Wechselschalter der **Banken** bis 17 Uhr.

Restaurants öffnen in der Regel um 13 Uhr und schließen gegen 22 Uhr. Ein Ruhetag ist nicht üblich.

Museen sind meist montags geschlossen. Außerhalb der Sommersaison, meist Okt.–April, schließen sie generell früher.

POST

Briefmarken werden in **Postämtern** verkauft, die in der Regel Mo-Fr 10-18, Sa 9-14 Uhr geöffnet haben, seltener in Hotels (dort in den Postkartenkiosken).

Das Porto für eine Postkarte oder einen Brief ins europäische Ausland beträgt 5 PLN für den Land-/Seeweg, 6 PLN für Luftpost. Normalerweise sind die Briefkästen rot, die grünen Kästen dienen nur dem lokalen Briefverkehr.

SICHERHEIT

Führen Sie eine Kopie Ihrer Ausweispapiere mit sich, das hilft im Fall eines Verlusts bei der schnellen Wiederbeschaffung.

Bei Unfällen, Diebstahl u. a. Problemen erhalten Urlauber Hilfe unter **Touristennotruf** (Juni–Sept. tgl. 10–22 Uhr, in Deutsch): Tel. 0800 200 300 (Festnetz, gebührenfrei) und 009 82 60 55 (mobil).

SOUVENIRS

Welche Souvenirs man aus Polen mitbringt, wird in erster Linie davon abhängen, in welcher Region man Urlaub macht. An der Ostseeküste ist naturbelassener oder zu Schmuckstücken verarbeiteter Bernstein das mit Abstand beliebteste Mitbringsel, im Riesengebirge ist es Bleikristall.

Auch moderne Kunst und traditionelle Volkskunst (Holzschnitzereien, gestickte Deckchen, Keramiken) sind ein hübsches Geschenk.

Volkskunst von guter Qualität bekommt man in den »Cepelia«-Läden (z. B. Altstadtmarkt in Warschau).

TELEFON/HANDY

Auch bei Ortsgesprächen wird die lokale Vorwahl mitgewählt, allerdings dann ohne 0. Diese kommt bei Ferngesprächen dazu. Öffentliche Telefonzellen funktionieren meist mit Karten. Diese *(karta telefoniczna)* kann man bei Postämtern oder Kiosken kaufen.

Handys sind in Polen problemlos zu benutzen, die Netzabdeckung ist landesweit gut. Verbreitete Mobilfunkunternehmen sind Orange, Polkomtel und T-Mobile, die

Handynummern beginnen mit 500er, 600er oder 700er-Zahlen.

Die Landesvorwahl ist 00 48, gefolgt von der Stadtvorwahl (22 für Warschau, 71 für Breslau, 12 für Krakau etc.).

Mit billigen Vorwahlnummern telefoniert man von Deutschland nach Polen sehr günstig, jedoch nicht in die entgegengesetzte Richtung, da das Unternehmen Telekomunikacja Polska weltweit mit die höchsten Tarife verlangt (auch innerhalb des Landes).

Internationale Vorwahlen:
• Deutschland: 0049
• Österreich: 0043
• Schweiz: 0041
• Polen: 0048

TRINKGELD

Die Preise in Restaurants beinhalten ein Bedienungsgeld. Doch selbstverständlich wird ein Trinkgeld hier, wie auch bei anderen Dienstleistern (z. B. Hotel, Taxi), als Anerkennung für einen guten Service gern genommen.

ZEITUNGEN

Deutschsprachige Zeitungen sind in den Feriengebieten oft mit einem Tag Verspätung an den Presseständen der großen Hotels erhältlich. Informativ: die Wochenzeitung »Warsaw Voice«.

ZOLLBESTIMMUNGEN

Von einem EU-Land nach Polen darf man alle Gegenstände des persönlichen Gebrauchs und auch Geschenke unbeschränkt einführen, sofern die Menge den Privatbedarf nicht wesentlich überschreitet.

Zollfreigrenzen für die Wiedereinreise in die Schweiz: 200 (in die EU 800) Zigaretten oder 50 Zigarren, 1 l hochprozentiger Alkohol oder 2 l Wein (ab 18 Jahre), 50 ml Parfum oder 250 ml Eau de Toilette, 500 g Kaffee und andere Waren bis 300 CHF pro Person.

REGISTER

Allenstein 81
Annaberg 122
Arkadia 103
Augustów 31
Auschwitz 139

Bad Altenheide 68
Bad Kudowa 68
Bad Reinerz 68
Bad Warmbrunn 125
Barciany (Barten) 78
Białowieża 104, 105
Białystok 104
Biecz 128
Bierkowice 124
Birkenau 139
Biskupin 110
Blizne 128
Bóbrka 128
Bohoniki 104
Borkener Heide 78
Breslau (Wrocław) 118
• Dominsel 120
• Elisabethkirche 119
• Heiligkreuzkirche 120
• Historisches Museum 120
• Jahrhunderthalle 121
• Maria auf dem Sande 120
• Maria-Magdalenen-
  Kirche 119
• Nationalmuseum 120
• Racławice-Panorama 120
• Rathaus 118
• Universität 120
Brieg 123
Brodnica 92
Bromberg 111
Brzeg 123
Bydgoszcz 111

Cammin 71
Chałupy 65
Chęciny 130
Chełmno (Kulm) 91, 149,
  150
Chełmża (Kulmsee) 91
Chmielno 55
Chopin, Frédéric 43, 100
Ciechocinek 69, 149

Cieplice Zdrój 125
Czerwony Dwór 78
Częstochowa 140
Czołpino 56

Danzig 56
• Altstädtisches
  Rathaus 60
• Artushof 57
• Brigittenkirche 60
• Denkmal für die gefalle-
  nen Werftarbeiter 60
• Frauengasse 58
• Großes Zeughaus 56
• Katharinenkirche 58
• Krantor 58
• Langer Markt 57
• Marienkirche 58
• Nationalmuseum 61
• Rechtstadt 56
• Rechtstädtische
  Rathaus 57
• Uferpromenade 57
• Westerplatte 57
Danziger Goldwasser 62
Darłowo 53
Dębki 53
Dębno Podhalańskie 128
Deutscher Orden 91, 112
Diplomatische Vertre-
  tungen 151
Döhnhoffstädt 78
Drogosze 78
Dunajec-Schlucht 31, 140
Duszniki Zdrój 68
Dziechno 55

Elbing 79
Elbląg 79
Ermland 22, 75

Feiertage 151
Festung Boyen 85
Frauenburg 80
Frische Nehrung 54
Frombork 80

Gardno-See 56
Gdańsk 56

Gdynia 63
Georg II. 123
Gierłoż 85
Giżycko 85
Głodnica 55
Gnesen 110
Gniew 149
Gniezno 110
Görlitz 85
Golub-Dobrzyn 92
Goralen 142
Gorlice 128
Graudenz 91, 149, 150
Grudziądz 91, 149, 150
Grüssau 125
Grunwald 83

Haczów 128
Halbinsel Hela 64
Harsz 78
Hedwig von Schlesien
  (Jadwiga) 116, 122
Heiligelinde 84
Heilsberg 82
Hel (Hela), Stadt 65
Hirschberg 125
Hohensalza 89
Hohenstein 83
Hohe Tatra 130, 141

Inowrocław 89

Jadwiga, Königin 132
Jastrzębia Góra 53
Jauer 123
Jawor 123
Jelenia Góra 125
Jezioro Kisajno 85
Jezioro Łuknajno 86
Jezioro Niegocin 85
Jezioro Śniardwy 86
Jurata 65, 69

Kalwaria
  Zebrzydowska 128
Kamień Pomorski 71
Kanał Elbląski 79
Karkonosze 117, 125
Karpacz Górny 118

Karpacz 125
Karthaus 55
Kartuzy 55
Karwia 53
Kaschubien 54
Kaszubski Park Etnograficzny 83
Kazimierz Dolny 145
Kielce 130
Kissain-See 85
Kloster Grüssau 125
Klucken 65
Kluki 65
Kolberg 67, 69
Kołobrzeg 67, 69
Kopernikus, Nikolaus 80, 112
Kórnik 109
Krakau 132
• Czartoryski Arsenał 132
Krakau 132
• Alte Synagoge 136
• Barbakane 132
• Collegium Maius 134
• EUROPEUM 134
• Franziskanerkirche 134
• Jüdischer Friedhof 136
• Kazimierz 136
• Königsschloss 136
• Marienkirche 133
• Marktplatz 132
• Peter- & Paulkirche 134
• Sigismund-Glocke 136
• Tuchhallen 133
• Wawel 134
Kraków 132
Krasiczyn 129
Kruklanki 78
Krummhübel 125
Kruszwica 89
Kruszyniany 104
Krutyń 86
Krynica Morska 54
Krynica Zdrój 68
Krzeszów 125
Kudowa Zdrój 68
Kuźnice 65
Kwidzyn 150

Łącka Góra 66
Lądek Zdrój 69
Łańcut 129

Lauenburg 55
Łazy 53
Leba 65
Łeba 65
Lębork 55
Lednica 89, 90
Legnica 116
Legnickie Pole 116
Lesko 143
Leżajsk 130
Leubus 116
Lidzbark Warmiński 82
Liegnitz 116
Linia 55
Lipnica Murowana 129
Literatur 42
Lodz 88, 105
Lonzker Düne 66
Lötzen 85
Löwentin-See 85
Łowicz 103
Lubiąż 116
Lublin 145
Łukasiewicz Ignacy 128
Lwowiec 78

Malbork 63
Mamerki (Mauerwald) 78
Marienburg 63
Marienwerder 150
Masuren 22, 30, 75
Mazury 78
Międzyzdroje 70
Mielno 53
Mierzeja Helska 64
Mierzeja Wiślana 54
Mikołajki 86
Mirachowo 55
Misdroy 70
Morskie Oko 130, 131, 141
Mrągowo 84
Mrzeżyno 53
Muzeum
• Orawski Park Etnograficzny, Zubrzycy Górna 83
• Budownictwa Ludowego, Olsztynek 83
• Budownictwa Ludowego, Sanok 83
• Wsi Opolskiej, Opole 83

Nationalparks (Parki Narodowe)
• Babiogórski P.N. (Babia Góra) 144
• Białowieski P.N. 105
• Bieszczadzki P.N. 143
• Gorczański P.N. (Gorce) 144
• Magurski P.N. (Magura) 144
• Ojcowski P.N. 139, 144
• Pieniński P.N. 140, 144
• Poleski P.N. 144
• Roztoczański P.N. 144
• Słowiński P.N. 55, 65
• Tatrzański P.N. 141
• Wigierski P.N. (Wigry) 78
• Woliński P.N. (Wollin) 71
Nidzica 150
Nieborów 103
Nikolaiken 86
Notruf 152
Nowa Słupia 130
Nowy Sącz 128
Nowy Targ 128

Oberländer Kanal 79
Ogrodniki 78
Oliwa 62
Olsztyn 81
Olsztynek 83
Opole 123
Oppeln 123
Ostróda 69

Palenica Białczanska 130
Pelplin 149
Pieczarki 78
Pieskowa Skała 139
Płock 103
Polanica Zdrój 68
Popowo 55
Posen 106
• Adalbertkirche 108
• Alter Markt 107
• Brama Poznania 109
• Denkmal für die Opfer vom Juni 1956 106
• Dom 108
• Dominikanerkirche 108
• Kulturzentrum ZAMEK 106

• Nationalmuseum 107
• Pfarrkirche 108
Pozezdrze 78
Poznań 106
Przemysl 129
Puławy 149
Puszcza Borecka 78
Puszcza Romincka 78

R abka 128
Radunskie Dolne 55
Radziń Chełmiiński 91
Ręboszewo 55
Religion 41
Riesengebirge 117, 125
Rogalin 110
Rominter Heide 78
Rowy 56
Rügenwalde 53
Rysy 131
Rzeszów 128

S andomierz 144
Sanok 143
Schlesien 22
Schneekoppe 118, 125
Schreiberhau 125
Schweidnitz 123
Sękowa 128
Sensburg 84
Siklawa-Wasserfall 132
Słupsk 67
Śnieżka 125
Sopot 62
Spirding-See 86
Stargard 74
Stauffenberg, Claus
Graf Schenk von 85
Stębark 83
Steinort 78
Stettin 71
• Altes Rathaus 72
• Bastei der Sieben
Mäntel 72
• Hakenterrasse 72
• Jakobkirche 74
• Königstor 73
• Nationalmuseum 73
• Peter- und Paulkirche 73
• Schloss der Herzöge von
Pommern 72
Stolp 67

Strasburg 92
Strzelno 89
Strzepcz 55
Sulejki 78
Supraśl 104
Świdnica 123
Świścajny 78
Świecie 91
Święta Lipka 84
Święty Krzyż 130
Swinemünde 69
Świnoujście 69
Szczawnica 140
Szczecin 71
Szczeciński 74
Szczurkowo 78
Szklarska Poręba 125
Sztynort 78
Szwałk 78

T annenberg 83
Tatry Wysokie 130, 141
Thorn 111
• Park Etnograficzny 83
Thorner Kathrinchen 113
Toruń 111
Trebnitz 122
Treptow 52
Trzebiatów 52
Trzebnica 122
Trzemeszno 89, 90
Trzęsacz 52
Tschenstochau 140
• Schwarze Madonna 140
Tykocin 104

U jazd-Krzyżtopór 130
Ustronie Morskie 53

W ahlstatt 116
Wałbrzych 124, 125
Waldenburg 124, 125
Warschau 92
• Alexanderkirche 99
• Altstädtischer Markt 98
• Barbakane 98
• Chopin-Museum 99
• Denkmal der Helden des
Ghetto-Aufstandes 95, 96
• Denkmal der Helden
des Warschauer Aufstan-
des 93, 95

• Grab des Unbekannten
Soldaten 93
• Großes Theater 93
• Johanneskathedrale 98
• Kapuzinerkirche 93
• Kirche der Sakrament-
schwestern 96
• Königsschloss 98
• Königsweg 98
• Krasiński Palais 93
• Kulturpalast 92
• Łazienki-Park 100
• Marienkirche 96
• Marie-Skłodowska-Curie-
Museum 96
• Museum der Geschichte
der polnischen Juden
95, 96
• Museum des Warschauer
Aufstandes 92, 95
• Muzeum Narodowe 99
• Muzeum Neonów 101
• Muzeum Polskiej Wodki
101
• Nożyk-Synagoge 92
• Protestantische
Kirche 92
• Radziwiłł Palais 99
• Sächsischer Garten 93
• Schloss Wilanów 100
• St. Annenkirche 99
• Universität 99
• Visitantinnenkirche
99
Warschauer Ghetto 94
Warszawa 92
Wejherowo 148
Wieliczka 138
Włocławek 149
Wojtyła, Karol (Papst
Johannes Paul II.) 41
Wolfsschanze 85
Wolisko 78
Wolliner Nationalpark
71
Wollin, Insel 70

Z akopane 142
Zakrzewo 55
Zamość 146
Zubrzycy Górna 83
Żywkowo 78

BILDNACHWEIS

Coverfoto Zalipie, Polen © Lookphotos/age fotostock
Fotos Umschlagrückseite laif/Gerber, Tobias (links); laif/hemis.fr/Guiziou, Franck (Mitte); Shutterstock/Maciejewski, Radoslaw (rechts)

Alamy/Wlodarczyk, Jan: 84, 143; Getty Images/AFP/Radwanski, Wojtek: 17; Getty Images/Liseykina, Elena: 126; Getty Images/NurPhoto/Gonzalez, Oscar: 87; Getty Images/NurPhoto/Zawrzel, Beata: 34/35, 45; Getty Images/Zdzieblo, Szymon: 88; Huber Images/Gräfenhain: 124; Huber Images/Pavan, Marco: 39; laif/Gerber, Tobias: 30; laif/hemis.fr/Guiziou, Franck: 6/7; laif/Hirth, Peter: 68, 114; laif/Kreuels, Ralf: 20/21; laif/Le Figaro Magazine/Voge: 148; laif/Schwelle, Dagmar: 18, 50, 70; mauritius images/Alamy/Gregory, Wrona: 14; mauritius images/Alamy/Stróżyk, Wojciech: 29; mauritius images/blickwinkel/Protze, Olaf: 51; mauritius images/Novarc/Reister, Christian: 27; mauritius images/Travel Collection: 75; Nöldeke, Renate: 8; Seasons Agency/Jalag/Spoerl, Lukas: 133; Shutterstock/Dorota, Joanna: 46; Shutterstock/ArtMediaFactory: 12; Shutterstock/Bidermann, Tomasz: 94; Shutterstock/Curioso: 48/49, 66; Shutterstock/Dabkowsk, Krzysztof: 86; Shutterstock/itsmejust: 54; Shutterstock/Kosmider, Patryk: 9, 63; Shutterstock/Maciejewski, Radoslaw: 108; Shutterstock/Mariola Anna S.: 16; Shutterstock/MBPROJEKT MaciejBledowski: 72; Shutterstock/mikolajn: 137; Shutterstock/R_Szatkowski: 147; Shutterstock/Sekowska, Elzbieta: 129; Shutterstock/Seqoya: 121; Shutterstock/S-F: 60; Shutterstock/Stavrida: 98; Shutterstock/Tucholka, Victoria: 19; Shutterstock/Tupungato: 101; Shutterstock/udra11: 93; Shutterstock/Wasilewski, Przemyslaw: 13; Shutterstock/wiktord: 105; Shutterstock/Zajc, Piotr: 141; Stock Adobe/Shevchenko, Andrey: 81; Unsplash/Dylag, Jacek: 10; Unsplash/Kukowka, Cezary: 127; Unsplash/Maniak, Janusz: 23.

Liebe Leserin, lieber Leser,
wir freuen uns, dass Sie sich für diesen POLYGLOTT on tour entschieden haben.
Unsere Autorinnen und Autoren sind für Sie unterwegs und recherchieren sehr gründlich, damit Sie mit aktuellen und zuverlässigen Informationen auf Reisen gehen können. Dennoch lassen sich Fehler nie ganz ausschließen. Wir bitten Sie um Verständnis, dass der Verlag dafür keine Haftung übernehmen kann.

Ihre Meinung ist uns wichtig. Bitte schreiben Sie uns:
GRÄFE UND UNZER VERLAG
Postfach 86 03 66, 81630 München, Tel. 0 89 / 419 819 41
www.polyglott.de

LESERSERVICE
polyglott@graefe-und-unzer.de
Tel. 0 800 / 72 37 33 33 (gebührenfrei in D, A, CH), Mo–Do 9–17 Uhr, Fr 9–16 Uhr

1. Auflage 2019

© 2019 GRÄFE UND UNZER VERLAG GmbH, München
Dieses Buch wurde auf chlorfrei gebleichtem Papier gedruckt.
ISBN 978-3-8464-0437-9

Bei Interesse an maßgeschneiderten B2B-Editionen:
gabriella.hoffmann@graefe-und-unzer.de

Bei Interesse an Anzeigen:
KV Kommunalverlag GmbH & Co. KG
Tel. 089/928 09 60
info@kommunal-verlag.de

Verlagsleitung: Grit Müller
Verlagsredaktion: Anne-Katrin Scheiter
Autor: Renate Nöldeke
Redaktion: Buch und Gestaltung, Britta Dieterle
Bildredaktion: Anne-Katrin Scheiter
Mini-Dolmetscher: Langenscheidt
Umschlaggestaltung & Layout:
Independent Medien Design, München
Horst Moser (Artdirection), Lucie Heselich
Karten und Pläne: Theiss Heidolph und Kunth Verlag GmbH & Co. KG
Satz: uteweber-grafikdesign
Herstellung: Anna Bäumner, Gloria Schlayer
Druck und Bindung:
Printer Trento, Italien

PEFC/18-31-506

GRÄFE UND UNZER

Ein Unternehmen der
GANSKE VERLAGSGRUPPE

MINI-DOLMETSCHER POLNISCH

ALLGEMEINES

Guten Morgen.	Dzień dobry. [dschjen_dobrih]
Guten Abend.	Dobry wieczór. [dobrih_wjetschur]
Hallo!	Cześć! [tscheschtsch]
Wie geht's?	Co słychać? [zo_swichatsch]
Danke, gut.	Dziękuję, dobrze. [dschiěkujě dobsche]
Ich heiße ...	Nazywam się ... [nasiwam_schjě]
Auf Wiedersehen.	Do widzenia. [do_widsenja]
Morgen	rano [rano]
Nachmittag	popołudnie [popowudnie]
Abend	wieczór [wjetschur]
Nacht	noc [noz]
morgen	jutro [jutro]
heute	dzisiaj [dschischaj]
gestern	wczoraj [ftschoraj]
Sprechen Sie Deutsch / Englisch?	Czy pan (m.) / pani (w.) mówi po niemiecku / angielsku? [tschih_pan / pani muwi po njemjezku / angjelsku]
Wie bitte?	Słucham? [ßwucham]
Ich verstehe nicht.	Nie rozumiem. [nje_rosumjem]
Sagen Sie es bitte noch einmal.	Proszę powtórzyć jeszcze raz. [proschě poftuschihtsch jeschtsche ras]
..., bitte.	..., proszę. [proschě]
Danke.	Dziękuję. [dschiěkujně]
Keine Ursache.	Nie ma za co. [nje_ma_sa_zo]
was / wer / welcher	co / kto / jaki [zo / kto / jaki]
wo / wohin	gdzie / dokąd [gdschje / dokăd]
wie / wie viel	jak / ile [jak / ile]
wann / wie lange	kiedy / jak długo [kjedih / jak dwugo]
Wie heißt das?	Jak to się nazywa? [jak_to_schjě_nasiwa]
Wo ist ...?	Gdzie jest ...? [gdschje jest]
Können Sie mir helfen?	Czy może mi pan (m.) / pani (w.) pomóc? [tschih mosche mi pan / pani pomuz]
ja	tak [tak]
nein	nie [nje]
Entschuldigen Sie.	Przepraszam. [pscheprascham]
Das macht nichts.	Nie szkodzi. [nje_schkodschi]

SHOPPING

Wo gibt es ...?	Gdzie można kupić ...? [gdschje mosehna kupitsch]
Wie viel kostet das?	Ile kosztuje? [ile koschtuje]
Ich nehme es.	Ja to wezmę. [ja_to_wesmě]
Wo ist eine Bank?	Gdzie jest bank? [gdschje_jest_bank]
Geben Sie mir 100 g Käse, bitte.	Proszę o sto gramów sera żółtego. [proschě_o_sto_gramuf ßera sehuwtego]
Haben Sie deutsche Zeitungen?	Czy ma pan (m.) / pani (w.) niemiecką gazetę? [tschih_ma_pan / pani njemjezkă gasetě]
Wo kann ich telefonieren / eine Telefonkarte kaufen?	Gdzie mogę zatelefonować / kupić kartę telefoniczną? [gdschje mogě satelefonowatsch / kupitsch kartě telefonitschnă]

ESSEN UND TRINKEN

Die Speisekarte, bitte.	Proszę o jadłospis. [proschě o_jadwospis]
Brot	chleb [chlep]
Kaffee	kawa [kawa]
Tee	herbata [cherbata]
mit Milch / Zucker	z mlekiem / cukrem [s_mlekjem / zukrem]
Orangensaft	sok pomarańczowy [sok_pomarantschowih]
Suppe / Fisch / Meeresfrüchte	zupa [supa] ryba / frutti di mare [rihba / fruti_di_mare]
Fleisch / Geflügel	mięso / drób [miěso / drub]
Beilage(n)	dodatki [dodatki]
vegetarische Gerichte	potrawy wegetariańskie [potrawih wegetarjanskje]
Eier	jaja [jaja]
Salat	sałata [ßawata]
Dessert	deser [deßer]
Obst	owoce [owoze]
Eis	lody [lodih]
Wein	wino [wino]
Bier	piwo [piwo]
Wasser	woda [woda]
Mineralwasser	woda mineralna [woda mineralna]
Limonade	goranżada [oranßehada]
Ich möchte bezahlen.	(Nie) bardzo mi smakowało. [(nje) bardso_mi ßmakowawo]

MEINE ENTDECKUNGEN

....
....
....
....
....
....
....
....
....
....
....
....
....
....
....
....
....
....

CHECKLISTE POLEN

Nur da gewesen oder schon entdeckt?

☐ **SALONMUSIK**
Der Besuch eines Salonkonzerts im Warschauer Chopin Boutique Bed & Breakfast ist jeden Abend und das ganze Jahr über ein Genuss. › S. 101

☐ **PIEROGI RUSKIE**
Traditionell, einfach und immer lecker sind die quarkgefüllten, mit Zwiebeln und Speck servierten Teigtaschen. › S. 14, 47

☐ **GESCHICHTSBUMMEL**
Auf der Westerplatte dokumentiert eine Ausstellung den Wandel der Halbinsel vom Seebad zur umkämpften Militärbasis im Zweiten Weltkrieg und schließlich zum Symbol für den Frieden. › S. 57

☐ **PADDELTOUR**
Der Wigry-Nationalpark bietet mit dem Wigry-See das perfekte Terrain für ausgedehnte Kanutouren. › S. 31, 78

☐ **ZEITREISE**
Es macht Spaß, im Polski Fiat durch die kommunistische Planstadt Nova Huta zu kurven. › S. 13

☐ **BERNSTEINKUNST**
In der Danziger Brigittenkirche erinnert der Hochaltar an den Kampf der Solidarność für die Demokratie in Polen. › S. 15, 60

☐ **JAHRHUNDERTHALLE**
Die Stahlbetonarchitektur der Hala Stulecia in Breslau ist gigantisch, die Ausstellung zur Geschichte aufschlussreich. › S. 121

💬 **MITBRINGSEL**

- **Honiglöffel:** Damit fließt der Honig in feinen Linien aufs Brot. › S. 17
- **Getrocknete Pilze:** Geschmack und Duft der polnischen Wälder passen leicht in jedes Reisegepäck. › S. 19